Militärgeschichtlicher Reiseführer

SEELOWER HÖHEN

HANS-JOACHIM NICOLAI

SEELOWER HÖHEN

MILITÄRGESCHICHTLICHER REISEFÜHRER

Herausgeber:
Horst Rohde und Robert Ostrovsky

2., überarbeitete Auflage

SEIT 1789

Verlag E. S. Mittler & Sohn · Hamburg · Berlin · Bonn

Bildnachweis:
Gedenkstätte »Seelower Höhen« (1); Kristina und Hans-Joachim Nicolai (34); Militärhistorisches Museum Dresden (10); Frank Bauer (4);
Karten/Skizzen S. 20, 44/45 (Erik Bauer, Potsdam); Karten/Skizzen S. 36/37, 59, 62, 63, 68/69, 96, 98, 99, 102, 103, 104, 107, 113 (Entwürfe: Kristina Nicolai, Reinzeichnung: Erik Bauer)

Umschlagvorderseite:
Ehemalige Stellung der deutschen Verteidiger auf den »Seelower Höhen«
Umschlagrückseite:
Bronzestatue des sowjetrussischen Bildhauers Prof. Lew Kerbel, vor der mit einem militärischen Zeremoniell die Gedenkstätte »Seelower Höhen« am 27. November 1945 eingeweiht wurde.

Die Deutsche Bibliothek – CIP-Einheitsaufnahme
Militärgeschichtlicher Reiseführer Seelower Höhen
Hans-Joachim Nicolai. – 2., überarb. Aufl. –
[Hrsg. Horst Rohde, Robert Ostrovsky]
Hamburg: Mittler 1998
ISBN 3-8132-0554-1
NE: Rohde, Horst; Ostrovsky, Robert

ISBN 3 8132 0554 1; Warengruppe 61

Umschlaggestaltung: Wolfgang Ronstadt, Alfter, unter Verwendung der oben genannten Abbildungen
Produktion: Alexandra Busch
Gesamtherstellung: Humbach & Nemazal Offsetdruck GmbH, Pfaffenhofen
Printed in Germany

Inhalt

I. Vorwort 7

II. Darstellung der historischen Ereignisse 9
Die Kriegslage vor der letzten großen Offensive der Roten Armee am 12. Januar 1945 9
Die Position des Angreifers 15
Die Stellung des Verteidigers 21
Das Oderbruch und die alte Reichsstraße 1 – das Kampfgebiet 28
Der 16. April 1945 – 3.50 Uhr: Der Angriff 31
Der Stoß auf Berlin und Hitlers Selbstmord 43
Die Bewältigung der Vergangenheit 51

III. Routenvorschläge 53
Wie kommt man hin? 53
Der Landkreis Seelow 57
Das Oderbruch 59
Die Stadt Seelow 68
Die Heimatgeschichte der Stadt Seelow 81
Tour 1: Nach Gusow und Neuhardenberg 84
Tour 2: Nach Letschin, Wilhelmsaue und Kienitz 92
Tour 3: Nach Kietz und Küstrin 105
Tour 4: Nach Alt Tucheband und Reitwein 108
Tour 5: Nach Lietzen 111

IV. Museum und Gedenkstätte »Seelower Höhen« 113

V. Kurzbiographien beteiligter Heerführer 118

VI. Zeitgenössische Berichte zum Kampfgeschehen 127

VII. Chronik der Ereignisse 132

VIII. Gräberliste Landkreis Seelow 134

IX. Literaturverzeichnis 137

Den Toten der Oderbruchschlacht im Frühjahr 1945

»Die in den Gräbern ruhen, warten auf uns, auf uns alle; sie wollen gar nicht, daß wir mit lauten Worten sie ›Helden‹ nennen. Sie haben für uns gekämpft, gezagt, gelitten, sie sind für uns gestorben.
Sie waren Menschen wie wir.
Aber wenn wir in der Stille an den Kreuzen stehen, vernehmen wir ihre gefaßt gewordenen Stimmen: Sorget ihr, die ihr noch im Leben steht, daß Frieden bleibt, Frieden zwischen den Menschen, Frieden zwischen den Völkern.«

Prof. Theodor Heuss

I. Vorwort

Es ist der 16. April 1945. Flakscheinwerfer setzen das Oderbruch um Punkt 3.50 Uhr in gespenstisches Licht. Die Rote Armee ist zu ihrer letzten Offensive zur Erstürmung der deutschen Reichshauptstadt Berlin angetreten. Der Krieg steht in seinem 6. Jahr.
Dreißig endlose Minuten feuerten Rotarmisten aus Zehntausenden von Geschützen, Granatwerfern und den gefürchteten »Stalinorgeln« über 500 000 Geschosse ab, die das Oderbruch – einst der Obst- und Gemüsegarten Berlins genannt – buchstäblich umpflügten. Der Gefechtslärm übertönte das Schreien der Verwundeten und Sterbenden auf beiden Seiten. Erst der achte Angriff der Sowjets brachte für sie den angestrebten Durchbruch der deutschen Verteidigungslinien.
Die Zahl der gefallenen Deutschen und Russen konnte nie exakt ermittelt werden. Die Historiker sprechen von über 33 000 gefallenen Russen und Polen und etwa 12 000 gefallenen Deutschen.
Zum Gedenken an die Entscheidungsschlacht vor den Toren Berlins auf den Seelower Höhen hat der sowjetische Staatsbildhauer Lew Kerbel die überlebensgroße Bronzefigur eines Sowjetsoldaten mit dem typischen Topfhelm und der klobigen Maschinenpistole 1941 vor der Brust, geschaffen.
Unter der Figur auf den hohen Steinquadern sind die Gräber zahlreicher gefallener Sowjetsoldaten.
Deutsche Gefallene hat man am westlichen Ortsausgang von Seelow beigesetzt.
An der Gedenkstätte am östlichen Ortsrand von Seelow ist ein kleines Museum eingerichtet worden. Erst nach der Wende 1989/90 ist es nach gründlicher, historischer Überarbeitung so, daß eine objektivere Darstellung des Kriegsgeschehens geboten wird.
Dies geschah nicht nur zum Gedenken gefallener Sowjetsoldaten, sondern auch der deutschen Wehrmachtssoldaten.

Berlin, im Januar 1998 — *Hans-Joachim Nicolai*

Schweres sowjetrussisches Geschütz in Feuerstellung Richtung Seelower Höhen

II. Darstellung der historischen Ereignisse

Die Kriegslage vor der letzten großen Offensive der Roten Armee am 12. Januar 1945

Nach schweren Niederlagen der deutschen Wehrmacht geht der Krieg 1945 in das 6. Jahr. Schon seit Ende 1944 hatten die Deutschen sich hinter die sowjetische Staatsgrenze zurückziehen müssen.

In dieser Zeit hoffte die deutsche Führung auf die Spaltung der Antihitler-Koalition. General Busse, Oberbefehlshaber der 9. Armee, berichtete in den Tagen der beginnenden Großkämpfe vor den Seelower Höhen: Die Armee ging in den Kampf mit der Devise: »Und wenn uns die amerikanischen und britischen Panzer in den Rücken fahren, während wir dem Russen jeden weiteren Schritt vorwärts verwehrt haben, so haben wir vor unserem Volk, unserem Gewissen und der Geschichte unsere soldatische Pflicht und Schuldigkeit getan.«

Überall in der deutschen Armee gab es in dieser Zeit Gerüchte – bis zum Absurden. Wir machen separat mit dem Westen Frieden, hieß es da, und gehen gemeinsam gegen die Russen. Eine verzweifelte Hoffnung ohne realen Hintergrund, wie es sich schon wenig später zeigte. Die Motivation unter den Soldaten war dennoch Anfang 1945 erstaunlich hoch – besonders in den Traditionsverbänden der 20. und der 25. Panzergrenadier-Division. Pausenlose Durchhalteappelle erreichten die kämpfenden Truppen. So am 26. Februar 1945 im Befehl der NS-Führung an das Oberkommando der 9. Armee: Dem Geist der Resignation und des Sichgehenlassens sei unbedingt entgegenzuwirken, wobei in jedem Falle die nötige Härte stehen müsse. Feigheit und Drückebergerei seien rücksichtslos zu bekämpfen, Verräter und Schwächlinge auszumerzen. »Wer sich außerhalb der deutschen Sache stellt, hat ohnehin keinen Anspruch darauf, mit deutschem Maß gemessen zu werden … Wer mit der Waffe in der Hand entschlossen kämpft, hat viel mehr Aussicht, sich dem Zugriff des Feindes zu entziehen als derjenige, der seinen Posten verläßt und durch feiges Zurückgehen dem Feind die Mittel in die Hand gibt, die Stellung zu überrennen.«

Unter Hinweis auf diese Befehle wurden zahlreiche Soldaten dem Standrecht unterworfen und erschossen.

Ende Januar hatte das Oberkommando des Heeres (OKH) der Kriegslage Rechnung getragen und die Heeresgruppenbezeichnungen geändert.

Zwischen die Heeresgruppen »Mitte« und »Süd« wurde die neu aufgestellte Heeresgruppe »Weichsel« unter dem Kommando von Reichsführer SS Heinrich Himmler eingefügt. Aufgabe der Heeresgruppe »Weichsel« war es, den 300 km langen Frontverlauf entlang der Oder von der Mündung in die Ostsee bis zur Neiße-Einmündung zu verteidigen. Den Oberbefehl übernahm später Generaloberst Gotthardt Heinrici, der im Oberkommando der Wehrmacht als Verteidigungsspezialist galt. Das war Anfang Februar 1945.
›Am 1. Februar 1945 meldete das Oberkommando der Wehrmacht:

Angriffe gegen Posen von allen Seiten würden abgewehrt. In der Zeit vom 23. bis 28. 1. wurden 45 Panzer abgeschossen. In den Lazaretten liegen noch 2000 Verwundete, darunter 600 schwere Fälle. Die Ernährungsfrage ist schwer … Südostwärts Odereck konnte der Feind zurückgeworfen werden. Es gelang ihm aber, den Tirschtiegel-Riegel zu durchstoßen. Er kam bis zum Oder-Warthe-Riegel voran … Kämpfe bis Küstrin. Nördlich davon kam der Feind bis an die Oder. Nachrichten, er sei bis Freienwalde gekommen, sind falsch oder übertrieben.

3. Februar 1945: Kämpfe bei Benzig. Bei Krossen Ruhe. Nördlich davon setzte der Feind über, der jetzt auch ostwärts Frankfurt a. d. O. steht. Die Division stieß auf Widerstand. Bei Küstrin wurde der Feind abgewiesen … Bei Kienitz hat der Feind einen weiteren Brückenkopf gebildet. An der unteren Oder nichts Neues … Insgesamt kommt der Gegner nicht mehr so schnell voran wie bisher.

4. Februar 1945: Bei Lebus drang der Gegner über die Oder, ferner südwestlich von Küstrin.

6. Februar 1945: Bei Odereck verstärkte sich der Feind. Bei Krossen wurde er abgewiesen … Bei Frankfurt wurde die HKL zurückgenommen.

7. Februar 1945: Bei Fürstenberg und südlich Frankfurt a. d. O. ging der Feind über die Oder. In Richtung Küstrin wurden eigene Panzer eingesetzt. Im Oderbruch hält sich der Gegner hartnäckig in einzelnen Gefechtsstreifen, in denen er mit Infanteriewaffen nicht zu fassen ist. Der Angriff der Division »Döberitz« schlug nicht durch.‹

In einer Beurteilung der Feindlage stellte das OKW fest:
›Nach dem Durchbruch an der Weichsel gelang es der 1. Ukrainischen Front, schnell bis zur Oder vorzudringen.

8. Februar 1945: Der feindliche Brückenkopf bei Odereck konnte bereinigt werden. Vor Küstrin hat ein neuer Angriff begonnen. Bei Kienitz sind jetzt feindliche Panzer aufgetreten … Der Feind wurde abgewiesen.

9. Februar 1945: Bei der Heeresgruppe Weichsel nichts Neues … Lübben ist jetzt in Feindeshand. Die 21. Panzer-Division kam vor. Weitere Kämpfe im Oderbruch.

11. Februar 1945: Frankfurt wurde von Stalinorgeln beschossen … Im wesentlichen sonst gleiche Lage.

12. Februar 1945: Nach Küstrin wurde wieder eine Verbindung hergestellt … Der Feind steht 5 km vor Stargard. Die Division »Wallonien« ist hier eingesetzt … Starke Ausfälle, bisher jedoch nur 32 Überläufer. Festgestellt wurden Ermüdungserscheinungen und Munitionsmangel.

13. Februar 1945: In den Brückenköpfen verstärkte sich der Feind. In Küstrin außer der Flak kaum eigene Artillerie vorhanden.

Soldaten der Roten Armee an der Oder beim Munitionsnachschub

14. Februar 1945: Nördlich Frankfurt wurden die Sicherungen auf das Westufer zurückgenommen.

15. Februar 1945: Einige Brückenköpfe konnten eingeengt werden. Südlich Küstrin tauchten feindliche Panzer auf. Bei Kienitz wurde der Gegner abgewiesen.

16. Februar 1945: Die Besatzung von Schneidemühl ist beim Sichdurchschlagen weiter vorangekommen. Der Führer hat diese Maßnahme nicht unwohlwollend aufgenommen. Insgesamt ist festzustellen, daß durch den Widerstand in Posen und in anderen Festungen der feindliche Vormarsch spürbar aufgehalten worden ist und noch weiter erschwert wird.

17. Februar 1945: Artilleriemunition fehlt. In Posen vermehrt sich die Zahl der Überläufer, wobei es sich um viele Schreiber und Etappendienste handelt … Die feindlichen Luftangriffe nehmen zu.

18. Februar 1945: An der Oder verstärkt sich der Feind. … Festgestellt wurde, daß er schwere Verluste erlitten hat.

20. Februar 1945: Bei Märkisch-Friedland, wo Polen angriffen, wurden von 30 Panzern 15 abgeschossen.

21. Februar 1945: An der Oder nichts Besonderes. Bei Kienitz (nordostwärts Küstrin) ein feindlicher Einbruch. Bahn ist jetzt abgeschnitten. Ostwärts davon feindliche Angriffe … Der Feind greift mit 21-cm-Mörsern, Fliegern u. a. an. Die Verluste sind hoch … Es besteht Wassermangel.

22. Februar 1945: Es ist nunmehr anzunehmen, daß der Feind gleichzeitig gegen Westen, über die Oder und in Richtung Stettin angreifen wird … In Graudenz, das von allen Seiten angegriffen wurde, ernste Lage. Auch hier starke feindliche Propaganda.

23. Februar 1945: Die Oder führt Hochwasser. Von fünf Brücken, die im Bau sind, wurde eine zerstört, eine beschädigt.

24. Februar 1945: Der Feind behauptet, in Posen 20 000 Mann und den Kommandanten, General Mattern, gefangen zu haben; jedoch führte dieser nicht mehr das Kommando, und die Zahl ist offensichtlich zu hoch.

28. Februar 1945: Nördlich Frankfurt lebt die Kampftätigkeit auf, der Gegner strebt an, auf die Höhenstellung heranzukommen.

1. März 1945: Die 7. Panzer-Division mußte den Angriff abbrechen … Die Division »Holstein« ist eingetroffen. Feindliche Panzer bereits vor Köslin.

2. März 1945: Der eigene Brückenkopf bei Schwedt hat keine Bedeutung mehr und ist geräumt worden. Pyritz ging verloren.

3. März 1945: Erweiterung der feindlichen Einbruchräume östlich Stargard bis nordwestlich Dramburg … An der Ostfront erfolgreiche Abwehr. 40 Panzer durch die Luftwaffe vernichtet, 29 außer Gefecht gesetzt.

4. März 1945: Das X. SS-Panzerkorps wurde von drei Schützendivisionen angegriffen.

Geschützbergung durch Rotarmisten aus der Oder

5. März 1945: Stargard ging verloren, ebenso Naugard. Dazwischen noch ein Riegel der Division »Nederland«... Die Heeresgruppe hat bisher 1800 Panzer abgeschossen.

6. März 1945: Gegen Küstrin 3000 Schuß. Feindliche Luftwaffeneinsätze an der unteren Weichsel. Die 9. Fallschirmjäger-Division wird durch die 1. Marine-Division (bisher Marine-Schützen-Division) ersetzt.

8. März 1945: An der Oder nur örtliche Kämpfe. Durch die Luftwaffe wurden zwei Brücken zerstört.

9. März 1945: Die Lage in Küstrin hat sich verschärft. Der Feind ist bis in die Stadt eingedrungen.

11. März 1945: An der Oder nur örtliche Kämpfe. Die Vorstadt Kietz (Küstrin) ging verloren.

13. März 1945: Der Gegner meldete die Einnahme von Küstrin, was im wesentlichen richtig ist. Der eigene Angriff gegen Kietz läuft.

15. März 1945: Örtliche Kämpfe an der Oder.

16. März 1945: Das Verhalten der 5. Jäger-Division wird sehr gelobt.

17. März 1945: Örtliche Kämpfe an der Oder.

19. März 1945: Kolberg wurde geräumt. Evakuiert wurden 68 000 Zivilisten, 1 223 Verwundete. Der Kommandant verließ auf einem Zerstörer das Kampfgebiet. Eine Untersuchung läuft.

21. März 1945: Nördlich Lebus drang ein eigener Vorstoß nicht durch. Die dortige Brücke wurde zerstört.

23. März 1945: Zwischen Lebus und Küstrin griff der Feind mit 6 Schützendivisionen an. Er wurde im wesentlichen abgewiesen.

24. März 1945: An der Front erfolgreiche Vorstöße der 20. und 25. Panzergrenadier-Divisionen nach Osten. In zwei Tagen wurden 150 Panzer abgeschossen.

26. März 1945: Die 1. Garde-Panzerarmee des Feindes steht in Funkverbindung mit der 1. Bjelo-(Weiß-)russischen Front, was auf das erwartete Zusammenwirken beim Angriff auf Berlin hindeutet.

27. März 1945: Heute früh begann der eigene Angriff in Richtung Küstrin, der nach 3 km zum Halten kam. Eingesetzt sind die 25. sowie die 20. Panzergrenadier-Division »Müncheberg«. Küstrin wurde stark beschossen (in einer Stunde bis zu 1000 Schuß).

28. März 1945: Der eigene Angriff bei Küstrin blieb liegen.

29. März 1945: Verschärfung der Lage bei Küstrin, wo der Feind bis in die Altstadt vorstieß.

30. März 1945: Die Besatzung von Küstrin hat sich jetzt durchgeschlagen.

31. März 1945: Aus Küstrin gelang etwa 1 000 Mann der Ausbruch. Der Kommandant wurde festgesetzt, eine Untersuchung eingeleitet.

1. April 1945: Keine besonderen Ereignisse.

3. April 1945: Keine besonderen Ereignisse.

5. April 1945: Die 15. SS-Division (Letten) wird nach Kurland verlegt. Ungarische und rumänische Truppenteile liefen an der unteren Oder zum Feind über; die Reste wurden daraufhin entwaffnet.

80 Prozent der aus dem Osten evakuierten Flüchtlinge werden jetzt nach Kopenhagen verlegt, wo sich noch keine politischen Schwierigkeiten ergeben haben…

Insgesamt 1 480 feindliche und 304 eigene Einsätze.

6. April 1945: Wieder Zerstörung von Oderbrücken; diesmal durch Kriegsmarine und Luftwaffe.

7. April 1945: Nichts Besonderes.

8. April 1945: Nur örtliche Kämpfe.

10. April 1945: Ein Bombenleger wurde zur Explosion gebracht.

12. April 1945: Es wird heute oder morgen mit Beginn des feindlichen Großangriffs gerechnet.

15. April 1945: Am 14. 4. nur geringe Einbrüche, dabei wurden 98 Panzer von 200 Panzern abgeschossen. Am heutigen Tage hat der Gegner wider Erwarten die Angriffe noch nicht fortgesetzt.‹

Das geschah aber nur wenige Stunden später – im Morgengrauen des 16. April 1945.

Die Position des Angreifers

Am 12. Januar 1945 hatte die Rote Armee unter Aufbietung aller Kräfte ihre Winteroffensive begonnen. Ausgangspunkt waren die Weichselbrückenköpfe. Marschall Shukow nannte diese gewaltige Kraftanstrengung die erste Etappe der »abschließenden Operation des Krieges«.

2,2 Millionen Rotarmisten mit 33 500 Geschützen und Granatwerfern und rund 7 000 Panzern und Selbstfahrlafetten traten auf einer Front von 480 Kilometern zum Angriff an.

Sie trafen auf die Heeresgruppe A (Weichsel) mit der 9. Armee, der 4. Panzerarmee, der 17. Armee und der Armeegruppe unter dem Kommando von Generaloberst Gotthardt Heinrici.

Die sowjetische Führung war gegen Ende März 1945 unter Zeitdruck geraten. Kriegserfolge der Amerikaner im Westen gaben dafür den Ausschlag. In der Nacht vom 23. zum 24. März 1945 war angloamerikanischen Offensiveinheiten bei Wesel der Übergang über den Rhein gelungen. Schon am 1. April 1945 waren 17 deutsche Divisionen an der Ruhr von der 1. und der 9. amerikanischen Armee eingekesselt worden. Die deutsche Westfront war endgültig ins Wanken geraten. Amerikanische und französische Kampfverbände stießen nach Süddeutschland vor, hatten dabei kaum noch deutschen Widerstand zu brechen. Britische und kanadische Kampfeinheiten folgten der Stoßrichtung Nord- und Mitteldeutschland. Auch dort gab es kaum noch Widerstand. Kampfstarke deutsche Verbände ergaben sich geschlossen dem Feind.

Die Sowjets sahen nunmehr das Kriegsglück ganz auf seiten der Westmächte. Generalissimus Josef Stalin soll sogar befürchtet haben, die Westalliierten könnten vor der Roten Armee Berlin erreichen und besetzen.

In aller Eile wurden die Marschälle der Roten Armee Shukow und Konew in den Kreml nach Moskau beordert. Hier wurden die Angriffspläne der Marschälle zunächst im Generalstab, dann im Hauptquartier in Anwesenheit von J. W. Stalin vorgetragen und lebhaft diskutiert. Die Frontlage der Roten Armee war zu diesem Zeitpunkt nicht unkritisch. Stärker als erwartet war der deutsche Widerstand in Ostpreußen, besonders vor Danzig. Starke Sowjetkräfte unter Marschall Rokossowski wurden so auf Dauer gebunden.

Stalin beschloß, auf die 2. Bjelorussische Front unter Marschall K. K. Rokossowski beim Angriff auf Berlin zunächst zu verzichten.
Stalin entschied auch, den Angriff auf das Zentrum des Deutschen Reiches auf keinen Fall später als am 16. April 1945 voranzutragen. Höchstens 15 Tage danach sollte die Reichshauptstadt fallen und der Krieg entschieden sein.

Geschickt verstand es Stalin, die beiden Marschälle zufriedenzustellen, die sich ansonsten so manche unterschiedliche Auffassungen leisteten, die teilweise bis zur persönlichen Rivalität gingen. Stalin gab Konew die Möglichkeit, mit seiner Front auf den Angriff auf Berlin einzuschwenken. Der Generalissimus wollte so den rivalisierenden Marschällen Shukow und Konew die gleiche Chance einräumen, die letzte Entscheidungsschlacht des Krieges zu schlagen.

Der Offensivplan sah vor, zunächst die kampfgeschwächte 1. Bjelorussische und die 1. Ukrainische Front mit frischen Kräften aufzufüllen. Sodann sollte die deutsche Verteidigung an der Oder – Neiße durchbrochen werden. Weiterhin war geplant, die Kampfverbände der Wehrmacht weitestgehend aufzusplittern, einzukesseln und systematisch zu vernichten. Danach sollte zur Elbe durchgestoßen werden. Soweit der Plan.
Die 1. Bjelorussische Front unter Marschall Shukow bekam den Löwenanteil der Aktion übertragen: Auf knapp 100 km Breite zwischen

Oderübergang April 1945 durch die Rote Armee – schwerer Granatwerfer im Einsatz

Oder und Oder-Spree-Kanal sollte seine Armee durchbrechen und die gegnerische deutsche 9. Armee im Vorfeld Berlins schlagen und vernichten. Dann sollte Berlin eingenommen und gleichzeitig der Stoß Richtung Elbe vorgetragen werden.

Die 1. Ukrainische Front unter Marschall Konew erhielt den Befehl, auf dem rechten Flügel der Kampffront in Richtung Spremberg – Belzig anzugreifen. Die Möglichkeit eines späteren Eindrehens – vor allem der Panzerverbände – Richtung Berlin wurde offengelassen.

Generalleutnant N. A. Antipenko, Chef der Rückwärtigen Einheiten der 1. Bjelorussischen Front, erinnerte sich später:

> »Über die Oder wurden 23 Straßenbrücken mit einer Gesamtlänge von 15 017 Metern geschlagen. Diese Brücken passierten während der Vorbereitung und im Verlauf der Berliner Operation in beiden Richtungen 1 671 188 Kraftwagen, 400 000 Pferdegespanne und etwa 600 000 Soldaten sowie verschleppte sowjetische und polnische Bürger, die in ihre Heimat zurückkehrten.«

Im Schwerpunkt der Offensive war die 1. Bjelorussische Front unter Marschall Shukow aus dem Küstriner Brückenkopf zum Angriff übergegangen. Vier Infanterie- und zwei Panzerarmeen gehörten dazu. Unter den bewährten Panzern vom Typ T 34/76 befanden sich auch welche der neuen Version T 34/85 mit verlängerter Kanone und vergrößertem Kaliber.

Entlang der Reichsstraße 1 griff die 8. Gardearmee unter Generaloberst W. I. Tschuikow in Richtung Seelower Höhen an.

Nördlich davon rückte die 5. Stoßarmee unter Generalleutnant Bersarin an. Dort waren auch Teile der 1. Polnischen Armee eingesetzt.

Die 2. Bjelorussische Front unter Marschall Rokossowski sollte einen Stoß entlang der Ostseeküste führen und so die Flanken der 1. Bjelorussischen und der 1. Ukrainischen Front abdecken. Schwerpunkt des entscheidenden Vorstoßes in Richtung Berlin war der Abschnitt der 1. Bjelorussischen Front im Zentrum. Die Hälfte aller für den Angriff eingesetzten Soldaten war dort konzentriert:

768 100 Soldaten mit
1 795 Panzer T 34
1 360 Selbstfahrlafetten
16 159 Geschütze und Granatwerfer
1 665 Flak
3 188 Flugzeuge.

Auch zwei Marine-Kanonenboote von der Dnjepr-Flottille waren – von der Ostsee über die Oder kommend – vor den Seelower Höhen eingesetzt.

Diese gewaltige Kampfkraft sollte nach der Generalstabsplanung schon am ersten Kampftag die deutschen Verteidigungslinien nicht nur durchbrechen, sondern die aufgesplitterten Teile auch vernichten. Noch am ersten Tage des Angriffes sollten die Seelower Höhen gestürmt und danach die beiden Panzerarmeen eingesetzt werden.

Bespannte sowjetrussische Artillerie an der Oder

Sodann war ein konzentrischer Vorstoß auf Berlin vorgesehen, das am 6. Angriffstag zu nehmen war. In nur 11 Tagen waren 165 km im Kampf zu überwinden.

Shukow massierte eine erdrückende Kampfkraft auf engsten Raum: Auf einem Viertel der Frontlänge stand die Hälfte der gesamten Kampfkraft der Roten Armee.

Schon Ende Januar hatten Vorausabteilungen der 5. Stoßarmee und der Gardepanzerarmee nördlich Küstrin die Oder erreicht. Bei Kietz wurde ein Brückenkopf gebildet. Von hier sind es nur noch rund 70 km bis zur Berliner Stadtgrenze. Ende März kam es endlich zu der Vereinigung der drei Fronten: Der 1. Bjelorussischen, der 1. Ukrainischen und der aus

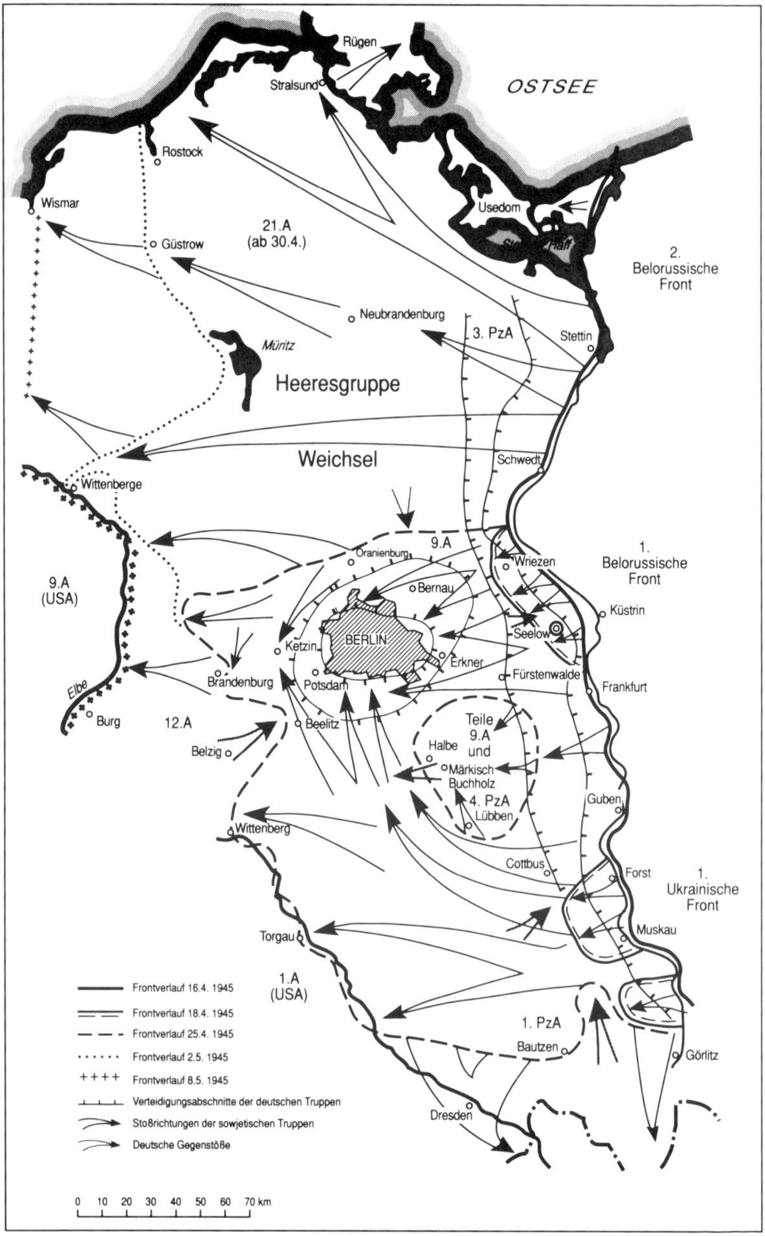

Berliner Operation April/Mai 1945

dem Norden herangeführten 2. Bjelorussischen Front. Es massierte sich nach der Vereinigung der drei Fronten eine Kampfkraft von:

2,5 Millionen Soldaten
41 000 Geschützen und Granatwerfern
6 250 Panzern T 34 und Selbstfahrlafetten (Typ Su 152)
7 500 Flugzeugen

In seinen Erinnerungen schrieb Generaloberst M. J. Katukow, Oberbefehlshaber der 1. Gardepanzerarmee:

> »Bevor wir in deutsches Gebiet einmarschierten, rief der Kriegsrat die Truppen auf, sich auf gegnerischem Territorium würdig zu verhalten, so wie es sich für Sowjetsoldaten gehöre.
>
> Der Haß, den unsere Menschen gegen die Faschisten hegten, machte diese Appelle notwendig. Unter den Soldaten gab es kaum einen, dessen Familie nicht schwere Verluste zu beklagen hatte. Viele Angehörige waren ermordet oder verschleppt worden, die heimatlichen Städte und Dörfer waren zerstört.
>
> Doch dieser Haß durfte sich nicht gegen die deutsche Zivilbevölkerung richten…« Entgegen diesen Äußerungen wurde aber in großem Ausmaß gemordet, vergewaltigt und geplündert.

Der Leutnant I. Bakalov notierte in seinem Kriegstagebuch:

> »Wir sitzen in den feuchten Schützengräben auf der anderen Oderseite. In den Briefen sprechen wir davon, daß unser Weg in die Heimat nur über Berlin führt. Ja, für uns gibt es keinen anderen Weg zu Euch, unseren Lieben.
>
> Wenn uns jemand sagen würde, in Berlin erwartet Euch der Tod, würden wir antworten, was ist dabei, es ist möglich, daß viele fallen, wir sind ja im Krieg…
>
> Alles ist bereit, wir warten auf einen – auf den Befehl Stalins.«

Die Stellung des Verteidigers

Das Oberkommando der Wehrmacht war sich über die Absichten des Feindes im klaren. Deshalb wurde rechtzeitig damit begonnen, einen tiefen, stellenweise bis zu 40 km tiefen Verteidigungsgürtel aufzubauen. Schwerpunkt waren die Seelower Höhen. Hier wurde der Hauptstoß der Roten Armee erwartet – was später auch geschah.

Die Verteidiger hatten rechtzeitig erkannt: Zwischen der 5 600 Seelen zählenden Gemeinde Seelow auf den höchstens 40 m hohen »Seelower Höhen« und der Oder lag das Oderbruch – eine Flußniederung mit zahlreichen Gräben und noch immer feuchtem Untergrund. Hier beim Angriff schwere Waffen und Panzer einzusetzen, war nicht ohne Risiko.

Die Verteidiger richteten sich deshalb auf die Stoßrichtung des Feindes entlang der befestigten Reichsstraße 1 ein. Auch diese Einschätzung erwies sich als richtig.

Die deutsche Heeresgruppe A (Weichsel) bezog hier Stellung. Zur Heeresgruppe gehörte die 9. Armee, die 4. Panzerarmee mit den Panzertypen »IV«, »Tiger« und »Panther«, die 17. Armee und die Armeegruppe Heinrici, zu der auch Reste der 1. Ungarischen Armee gehörten.

Trotz relativ günstiger Ausgangslage war es den deutschen Kräften nicht möglich, die Offensive der Roten Armee ostwärts der Oder zu stoppen. Dem Oberkommando entglitt zeitweilig die Führung, Lagemeldungen kamen zu spät oder gar nicht.

Unter welchen Bedingungen die meisten Soldaten zu kämpfen hatten, zeigt ein Beispiel des Volkssturmbataillons 7 (108 Franken mit den Kompanien Rothenburg ob der Tauber, Ansbach, Weißenburg und Dinkelsbühl).

Freytag von Loringhoven (»Das letzte Aufgebot des Teufels«) schrieb dazu später:

> »Die Steine waren herausgerissen und die Stellung schon einige Tage zuvor von dort arbeitenden Polen ausgegraben worden. Eine Stellung war es eigentlich nicht. Es waren Löcher in Brusttiefe, so daß zwei Mann gerade noch Platz zum Stehen hatten, in einem Abstand von ca. 30 Metern, hinauf in die Oderberge führend, ganz nahe an der Kante entlang. Wir gingen ohne Deckung in Stellung. Der Feind war ja noch weit! Die Kämpfe jenseits der Oder waren noch nicht abgeschlossen. So waren wir von unserer hochgelegenen Stellung Zeugen des russischen Vormarschs.
>
> Jenseits der Oder dehnt sich das Ufer ganz flach und gibt den Blick weit ins Land frei. Soweit das Auge reicht, konnte man schauen. Da eine, dort eine – immer mehr wurden es!…
>
> Sie kamen… Am 3. Februar sah man schon alles deutlicher, kam die Front immer näher. Auch die Rauchfahnen immer näher. Ein trostloses Bild. Dann war er da. Jetzt spielte sich der Krieg ganz nahe vor uns ab.«

Sowjetische 152-mm-Haubitze M 1909/1930 im Kampfgebiet an der Oder

Noch waren die deutschen Abwehrkräfte in ihrer Mehrheit nicht in Position. Noch Anfang Februar standen im Oderbruch lediglich

ein Bataillon »Reichsarbeitsdienst«,
ein SS-Feldersatz-Bataillon,
zwei Volkssturm-Bataillone und
ein SS-Artillerie-Regiment

gegen den unaufhaltsam vorrückenden Feind.

Das Oberkommando des Heeres versuchte der neu entstandenen Lage mit einer Umgruppierung der eigenen Verteidigungskräfte Rechnung zu tragen: Zwischen den Heeresgruppen »Nord« und »Mitte« wurde die Heeresgruppe »Weichsel« neu aufgestellt und dazwischen eingesetzt. Es war der Heeresgruppe »Weichsel« befohlen, den Stoß der Roten Armee auf Berlin zu verhindern – auf jeden Fall aber die Kräfte des Gegners so lange wie möglich zu binden und die Stellungen zu halten.

Reichsführer SS und seit dem Attentat auf Hitler am 20. Juli 1944 Befehlshaber des gesamten Ersatzheeres, Heinrich Himmler, hatte anfangs den Oberbefehl.

Seine erste Maßnahme, gleich nach dem Scheitern des Attentats auf Hitler vom 20. Juli 1944, war die Einführung des »deutschen Grußes« mit erhobener rechter Hand in allen Truppenteilen der deutschen Wehrmacht.

Der traditionelle militärische Gruß – Anlegen der gestreckten rechten Hand an Helm oder Mütze – war damit in der deutschen Armee nicht nur abgeschafft, sondern auch unter Militärstrafe gestellt. Zahlreiche deutsche Soldaten wurden drei Tage eingesperrt, wenn sie statt des »deutschen Grußes« die Hand an die Kopfbedeckung hielten. Begründung für die Militärstrafe: Verweigerung der Grußpflicht und Mißachtung des deutschen Grußes.

An der Oderfront erhielt Himmler den Befehl, entlang der Oder ein tiefgestaffeltes Verteidigungssystem aufzubauen und alle Versuche des Gegners, auf der Westseite der Oder Fuß zu fassen, abzuwehren. Bereits Anfang Februar von der Roten Armee gebildete Brückenköpfe – so der Armeebefehl – sollten beseitigt werden, was nur in wenigen Fällen gelang.

Die schweren Kämpfe begannen schon, als deutsche Abwehrkräfte noch auf dem Anmarsch durch Ostbrandenburg, Pommern und Schlesien waren.

Truppeneinheiten der SS, der Heeresdivisionen, des Volkssturmes und von Luftwaffe und Marine kamen gleich nach dem Ausladen aus den Transportzügen zum Einsatz.

Während der gesamten Abwehrkämpfe bewährte sich für die deutsche Führung der massierte Einsatz der Flak (Kaliber 8,8) im Erdbeschuß. Die Flak, so eingesetzt, war besonders erfolgreich beim Bekämpfen von Angriffen von Panzern des Typs T 34, die mit ihrer Panzerung dem 8,8-cm-Geschoß nichts entgegenzusetzen hatten.

Die ständigen Angriffe der deutschen Einheiten gegen die immer größer werdenden Brückenköpfe der Roten Armee brachten keine Erfolge. Vom 1. Februar an, so berichtete der 1. Generalstabsoffizier (1a) der 9. Armee (Weichsel), hatte die Wehrmacht unter »schärfstem Führungsdruck«, unter Aufbietung aller Kräfte versucht, die Brückenköpfe der Sowjets zu stürmen. Entsprechend hoch waren die Verluste: Vom 1. Februar bis zum 15. März starben

471 Offiziere und

34 904 Unteroffiziere und Mannschaften

den Soldatentod.

Besonders schwere Kämpfe tobten um das brandenburgisch-preußische Küstrin – eine für die Verteidiger äußerst wichtige Bastion auf dem Wege nach Berlin. Küstrin – größtenteils auf dem Ostufer der Oder gelegen – war von Hitler zur Festung erklärt worden. Ein schmaler Geländestreifen bildete die Verbindung zur deutschen Front. Durch diesen Schlauch wurde die Zivilbevölkerung evakuiert.

Der Historiker Wolfgang Paul schreibt in seinem Buch »Der Endkampf«:

> »Jenseits der Oder, wo zwischen Werft und Weiden die Warthe rechtwinkelig einmündet, liegt Küstrin, ein durch die Jahrhunderte hin in den Geschichten des Landes oft genannter Name.
>
> Die Festung Küstrin, die im 16. Jahrhundert von dem italienischen Baumeister Giromella für den Markgrafen Hans angelegt worden war, hatte zwei Belagerungen überdauert; die dritte sollte sie zerstören.
>
> Die dritte Belagerung Küstrins begann, nachdem General Tschuikows 8. Gardearmee aus dem Brückenkopf von Lebus sich am 22. März 1945 mit den Truppen der 5. Stoßarmee des Generalleutnants Bersarin, die aus dem Norden kamen, bei der Bahnstation Golzow auf dem linken Oderufer vereinigt hatte.«

Himmler hatte inzwischen das Kommando der Heeresgruppe »Weichsel« an Generaloberst Gotthardt Heinrici übergeben, der als Verteidigungsspezialist galt. Verzweifelte Gegenangriffe der Deutschen vermochten nicht, Küstrin zu entsetzen.

Am 29. März 1945 meldete Tschuikow seinem vorgesetzten Marschall Shukow am Feldtelefon: »Die Festung Küstrin ist gefallen.«

Autor Wolfgang Paul schildert die Reaktion Shukows hierauf:

> »Haben Sie den Deutschen tüchtig eingeheizt?« fragte Shukow.
>
> »So gut wie wir eben konnten«, erwiderte Tschuikow. »Die Gefallenen haben wir nicht gezählt, die Gefangenen werden immer noch abgeführt. Ich sage Ihnen, es war wieder mal eine harte Nuß.«

Die etwa 9 000 Mann der deutschen Verteidigung hatten sich bis zur völligen Einschließung Küstrins gewehrt, so gut sie konnten. Knapp 800 Mann konnten den Umfassungsgürtel der Roten Armee durchbrechen und sich zu den deutschen Linien durchschlagen.

Nach dem Fall Küstrins verfügte die sowjetische Angriffsarmee für den geplanten Angriff in das Zentrum des Reiches über einen Brückenkopf von mehr als 30 Quadratkilometern. Vor ihr lag jetzt die Reichsstraße 1 nach Berlin, die über Seelow und Müncheberg führt.

Im deutschen Oberkommando galt der Grundsatz, daß Berlin an der Oder verteidigt werden muß. Die Front reichte Ende März 1945 von der Insel

Rotarmisten im Gefecht bei den Seelower Höhen

Wollin, der wichtigen Ostseehafenstadt Stettin entlang dem linken Oderufer bis zur Einmündung der Neiße in die Oder bei Ratzdorf. Seit dem 20. März hatte im Abschnitt Heeresgruppe »Weichsel« Generaloberst Heinrici das Kommando. Die 4. Panzerarmee stand kampfbereit zwischen Ratzdorf und Groß Gastrose. Der Schwerpunkt der erwarteten Offensive der Roten Armee lag nördlich und südlich der Reichsstraße 1. Hier, westlich von dem bereits in Feindeshand befindlichen Küstrin, hatte die 9. Armee Stellung bezogen. Nur streckenweise verdienten die deutschen Stellungen die anspruchsvolle Bezeichnung »Ostwall«. Sie reichten 160 km weit von Hohensaaten bis zur Einmündung der Neiße in die Oder im Süden.

Zwischen Frankfurt an der Oder und Bad Freienwalde liegt das tiefliegende Bruchgebiet, das Oderbruch, das Richtung Westen in die Seelower Höhen übergeht – das spätere Hauptkampfgebiet. Die Verteidigungsstreifen zogen sich entlang der Oder auf westlicher Flußseite. Der erste war 6 bis 10 km tief, hatte drei Stellungen. Die natürlichen Hindernisse des Oderbruches wurden bei der Anlage geschickt ausgenutzt.

Gestaffelt angelegte »Panzerdeckungslöcher« – jedes 3 m x 1 m im Rechteck und mindestens 1,5 m tief, Schützen- und Laufgräben deckten jeden Winkel des Angriffsgebietes.

Dörfer wurden zur Rundumverteidigung ausgebaut, Stacheldrahthindernisse sowie Infanterie- und Panzerminenfelder angelegt.

Rund 5 000 Meter von der vordersten Linie abgesetzt, verlief von Lebus über Neu Tucheband, Letschin und Neulewien die Großkampflinie.

Der zweite Verteidigungsstreifen verlief an der Schlaube den Seelower Höhen und der Alten Oder entlang. Auch hier waren Sperren und Stützpunkte vorbereitet.

Die kleine märkische Ortschaft Seelow lag somit mitten im geplanten Kampfgebiet und wurde später sogar zur Festung erklärt. Die Ortschaft befindet sich am Rand der nur 40 Meter hohen Steigung der Seelower Höhen.

Die Masse der deutschen Artillerie – und vor allem der im Erdkampf eingesetzten Flak – lag tiefgestaffelt am Hinterhang der Höhen. So war es den schweren Waffen möglich, im indirekten Beschuß und – wenn der Gegner die Höhe erklommen hatte – im Direktbeschuß den Angreifer zu bekämpfen.

Die dritte Verteidigungsstellung – »Wotan-Stellung« genannt – verlief von Schwielow – bis zum Scharmützelsee und von dort nach Fürstenwalde, Strausberg und Eberswalde.

In der Verteidigungsplanung kam der zweiten Stellung die größte Bedeutung zu. Bei der Planung wurde nach taktischen Grundsätzen gehandelt, die auf Erfahrungen des Ersten Weltkrieges und die Rückzugskämpfe 1944 zurückgingen. Kernstück dieser Taktik war die Anwendung der »beweglichen Kampfführung«. Dazu gehörte, dem ersten Angriff des Gegners auszuweichen und in die vorbereitete 2. Verteidigungsstellung zurückzugehen. Erst von hier aus sollte der Feind zum Kampf gestellt und – nach Möglichkeit – zurückgeworfen werden. Dabei wurde in Rechnung gestellt, daß der Angreifer große Nachteile zu überwinden hatte:

Der erste Feuersturm auf die 1. Stellung erfordert ungeheuren Materialverschleiß und verpufft, weil sich der Gegner längst zurückgezogen hat. Der Angreifer stößt also ins Leere, kann seine schweren Waffen nicht schnell genug heranholen und sieht sich einem gut verschanzten Gegner gegenüber, der durch genaue Geländekenntnis Vorteile hat.

Dieses Großkampfverfahren setzte voraus, daß der Verteidiger den geplanten Angriffsverlauf und -termin möglichst genau kennt. Das war vor der Schlacht an den Seelower Höhen der Fall.

So konnten die Verteidiger den im Morgengrauen angreifenden Feind über die eigene Verteidigungslage täuschen und verwirren.

Ziel dieses deutschen Großkampfverfahrens war es auch, durch geschickte und schnelle Truppenbewegungen den gegnerischen Angriffsplan zunichte zu machen und den Feind zu immer wieder neuen Angriffsvorbereitungen zu zwingen, die in der Regel verlustreich verlaufen. Durch rechtzeitiges Zurücknehmen der 1. Verteidigungsstellung sollten eigene Kräfte, vor allem die Infanterie, dem feindlichen Vorbereitungsfeuer entzogen werden und die Kampfkraft erhalten bleiben. Alle diese Maßnahmen versprachen nicht nur militärische Erfolge, sondern auch Zeitgewinn.

Erst nach dem achten, außerordentlich verlustreichen Angriff der Roten Armee gelang später der Durchbruch, und der Weg nach Berlin war frei. Die Aufgabe der beweglichen Verteidigung kam auf die 9. Armee, die Heeresgruppe »Weichsel«, zu. An der 300 km langen Front zwischen Ostsee und Neiße standen 185 975 Mann mit einer tatsächlichen Kampfstärke von 104 162 Soldaten.

Dazu kamen das II. Flak-Korps und das zur Luftflotte 6 gehörende II. Fliegerkorps mit 754 einsatzbereiten Panzern und Sturmgeschützen bzw. rund 300 Flugzeugen. General der Infanterie Theodor Busse unterstanden das V. SS-Gebirgskorps, das XI. SS-Panzerkorps, das CI. Panzerkorps und das XXXIX. Panzerkorps, außerdem die Volksartilleriekorps 404 und 408. Nur unter Aufbietung aller noch vorhandenen Kräfte war es gelungen, Kampfkompanien auf rund 100 Mann, einzelne Divisionen bis zu 10 000 Mann aufzufüllen. Die Mehrzahl der Verbände war neu aufgestellt und ungenügend ausgebildet. Es fehlte an Waffen, Munition und Treibstoff.

Die Massierung der Kräfte im Kampfabschnitt der Heeresgruppe »Weichsel« konnte nur durch Schwächung der übrigen Abschnitte der Oderfront erreicht werden. Standen bei der 3. Panzerarmee nur 243 Infanteristen auf 1 000 Meter Front, so waren es bei der 9. Armee 372 Mann.

Das Oderbruch und die alte Reichsstraße 1 – das Kampfgebiet

Die Reichsstraße 1 war die längste Straßenverbindung Preußens. Sie führte von Aachen über Berlin nach Königsberg. Faktisch in der Mitte, zwischen Lebus und Oderberg im Bezirk Frankfurt an der Oder, liegt das 640 Quadratkilometer große Oderbruch auf dem Westufer des Flusses. Es wird im Osten durch die Oderdeiche, im Westen durch das Hügelland des Barnim und durch die Seelower Höhen im Süden begrenzt. Das

Zerstörte und erbeutete deutsche Kampftechnik auf den Seelower Höhen

Gelände liegt zum Teil unter dem Wasserspiegel der Oder und weist einen hohen Grundwasserspiegel auf. Es hat fast keinen Baumbestand, nur Buschwerk, das feuchte Bruch ist von zahlreichen Wassergräben durchzogen.

Ein zeitgenössischer Chronist berichtete:

»Ungeheure Mückenschwärme verfinstern die Sonne. Hin und wieder erblickte das Auge auf kahler Anhöhe eine elende mit Rohr und Schilf bedeckte Lehmhütte, von schützendem Düngerwalle umgeben. In diesen dürftigen Wohnstätten hausten arme Menschen, die im beständigen Kampf mit dem Wasser lebten.«

Zweimal jährlich überschwemmte die reißende Oder dieses Gebiet.

Es war der Preußenkönig Friedrich Wilhelm I., der das Gebiet auf seiner geliebten Reiherbalzjagd entdeckte. Er sah die Folgen der Überschwemmungen und nahm sich vor, nach dem Vorbild des Havelländischen Luchs auch diesen Sumpf trockenzulegen. Erste Dammarbeiten, deren Ergebnis bereits 1736 von Hochwasser wieder zunichte gemacht wurde, veranlaßten Friedrich Wilhelm, weitere Maßnahmen ins Auge zu fassen. Das Ergebnis eines Gutachtens jedoch ließ ihn diesen lobenswerten Plan vergessen:

»… daß es allerdings geschehen könne;
daß die Arbeit aber schwierig, weil aussehend und kostspielig sei…
Ich bin zu alt und will es meinem Sohn überlassen.«

So geschah es dann auch: Friedrich der Große nahm sich ohne Murren der ihm auferlegten Aufgabe an.

Die Oder mußte umgeleitet und begradigt werden.

Mächtige Deiche und Dämme wurden aufgeschüttet, Tausende von Metern Entwässerungsgräben gezogen. Auf der neugewonnenen Bodenfläche, die sich als sehr fruchtbar erwies, siedelte der Preußenkönig Pfälzer, Schwaben, Mecklenburger, Württemberger, Österreicher und Polen an. Die Menschen waren dem königlichen Ruf gefolgt, 1134 Familien ließen sich im Oderbruch nieder, gründeten 30 neue Bauerndörfer.

Zutiefst befriedigt betrachtete Friedrich der Große 1763 die Urbarmachung des Oderbruches vom Rande des Oberbarnims aus und sagte:

»Hier habe ich im Frieden eine Provinz erobert.«

Der Siebenjährige Krieg war gerade beendet.

Theodor Fontane reiste im Mai 1860 mit dem Pferdefuhrwerk über Rüdersdorf, Müncheberg bis Seelow. Er war wieder einmal unterwegs für seine »Wanderungen durch die Mark Brandenburg«.

Das Städtchen war um 1200 entstanden, hieß 1252 »Villa Zelou«, ab 1277 »Oppidum Selowe«, war ab 1556 markgräfliche Mediatstadt.

Weinanbau gab es hier ab 1405. Im 18. und 19. Jahrhundert war Seelow Ackerbürgerstadt mit wenig mehr als 5 000 Seelen.

Fontane genoß den Blick von den Seelower Höhen im Oderbruch:

> »Ein Blick von dieser Seelower Höhe läßt uns in solchen Gottessegen schauen. Die ohnehin dicht gelegenen Dörfer rücken in dem endlosen Coulissenbilde immer dichter zusammen und alles verschmilzt zu einer weitläufigen Riesenstadt, zwischen deren einzelnen Quartieren die Fruchtfelder wie üppige Gärten blühen. Wer hier um die Sommerzeit seines Weges kommt, wenn die Rapsfelder in Blüte stehen und ihr Gold und ihren Duft über das Bruchland hinausstreuen, der glaube sich wie durch Zauberschlag in ferne Wunderländer versetzt, von denen er als Kind geträumt und gelesen. Unvergeßlich aber wird der Eindruck für den, den ein glückliches Ohngefähr an einem Pfingstheiligabend an diesen Höhenrand führt. Die Feuchte des Bruches liegt dann wie ein Schleier über der Landschaft, alles Friede, Freude, Duft und der ferne, halb ersterbende Klang von dreißig Kirchentürmen klinget in der Luft zusammen, als läute der Himmel selber die Pfingsten des nächsten Morgen ein.«

Fünfundachtzig Jahre nach dieser Pfingstreise Fontanes war der Zweite Weltkrieg gerade zu Ende gegangen. Kurz zuvor waren die Seelower Höhen Mittelpunkt der mörderischen Schlacht um Berlin.

Der 16. April 1945 – 3.50 Uhr: Der Angriff

In den Morgenstunden des 14. April 1945 hatte die sowjetische Angriffsarmee mit der »gewaltsamen« Aufklärung begonnen: 15 Minuten Trommelfeuer auf die erste deutsche Verteidigungslinie. Die deutsche Armeeführung nahm – wie geplant – einen Großteil der deutschen Truppen aus der 1. Verteidigungsstellung zurück in die 2. Verteidigungsfront. Dem Angreifer gelangen nur geringfügige Einbrüche. Am 15. April ging der Artillerieüberfall unvermittelt weiter, was wiederum zu Absetzbewegungen beim Verteidiger führte. Genau zur rechten Zeit bezogen die deutschen Kräfte die Hauptkampflinie – HKL.

Die schwer angeschlagene 20. Panzergrenadier-Division zog sich aus dem Raum Golzow zurück und wurde aus der Reserve durch die Panzerdivision »Müncheberg« verstärkt. So kämpften Brandenburger um den eng umgrenzten Raum ihrer Heimat.
Die deutsche Führung konnte zufrieden sein:

Die Anwendung des Großkampfverfahrens hatte voll durchgeschlagen. Insgesamt waren die deutschen Verluste in Grenzen geblieben – vorerst. Die eigentliche Offensive begann dann im Morgengrauen des 16. April 1945 – um 3.50 Uhr.

Im Tagebuch des Oberkommandos der Wehrmacht ist unter diesem Datum in dürren Worten zu lesen:

»Heeresgruppe Weichsel: Ferner trat der Feind zum Großangriff an der Oder an, 3 Uhr 50 – 6 Uhr 30 Artilleriefeuer und Bomben, dann Antreten des Gegners und zwar südlich und nördlich Frankfurt, wo er mehrere Kilometer vorankam; zweitens an der Straße Küstrin – Berlin, wo er bis zur Höhenstufe gelangte (dagegen die Division ›Kurmark‹), drittens nördlich davon mit Stoßrichtung nach Südwesten.«

Schlag 3.50 Uhr erhellten 143 sowjetische Flakscheinwerfer das Kampfgebiet vor den Seelower Höhen – die Russen griffen unter dem gefürchteten Kampfgeschrei »Urräh« auf ganzer Front an. Die Rotarmisten stürmten, obwohl das Dauerfeuer auf die deutschen Linien noch gar nicht beendet war.

Fünf Divisionen der 9. Armee der Verteidiger wurden von dem Feuersturm erfaßt – 9 000 Geschütze und Granatwerfer mittleren und schweren Kalibers prasselten auf die deutschen Stellungen nieder, die weitgehend geräumt worden waren.

Zur gleichen Zeit hatten über 100 Nachtbomber rückwärtige Stellungen der Deutschen angegriffen. Um den Überraschungseffekt zu erhöhen, gab Shukow bereits verfrüht den Angriffsbefehl für die Infanterie, die sich plötzlich im Scheinwerferlicht von 143 Flakscheinwerfern wiederfanden. Diese Maßnahme von Marschall Shukow ist militärisch bis heute umstritten: Von hinten voll ausgeleuchtet boten die anstürmenden Rotarmisten günstige Ziele für die Verteidiger – die Verluste der Angreifer waren schon deshalb beträchtlich, die Verwirrung wuchs.

Nur zwei Kilometer betrug die Sicht am Angriffsmorgen, der Einsatz der Scheinwerfer begünstigte die Verteidiger.

Generaloberst W. I. Tschuikow, Oberbefehlshaber der 8. Gardearmee, erinnerte sich später:

»Die ganze Oderniederung scheint zu schwanken. Eine Wand aus hochgewirbeltem Staub und Rauch reicht bis zum Himmel.

Im Streifen unserer Armee war die von Artilleriefeuer hervorgerufene Helligkeit so grell, daß wir auf dem Gefechtsstand im ersten Augenblick gar nicht bemerkten, daß auch die Scheinwerfer das Kampffeld beleuchteten.«

Postmeilensteine am westlichen Ortsrand von Seelow

Die Kirche von Seelow (Vorderfront)

Schloß Neuhardenberg
(Frontseite)

Die Dorfkirche
von Neuhardenberg
(Westseite)

Wirtschaftsgebäude am Schloß.
Im Hintergrund der Turm
der Dorfkirche

Das sowjetische Denkmal am Dorfanger von Letschin für 331 gefallene Rotarmisten. Hier stand bis 1945 das Denkmal Friedrichs II.

Das Denkmal zur Erinnerung an Friedrich den Großen im Park von Schloß Neuhardenberg

Das Denkmal Friedrichs des Großen auf seinem neuen Standort, unweit des sowjetischen Ehrenmals

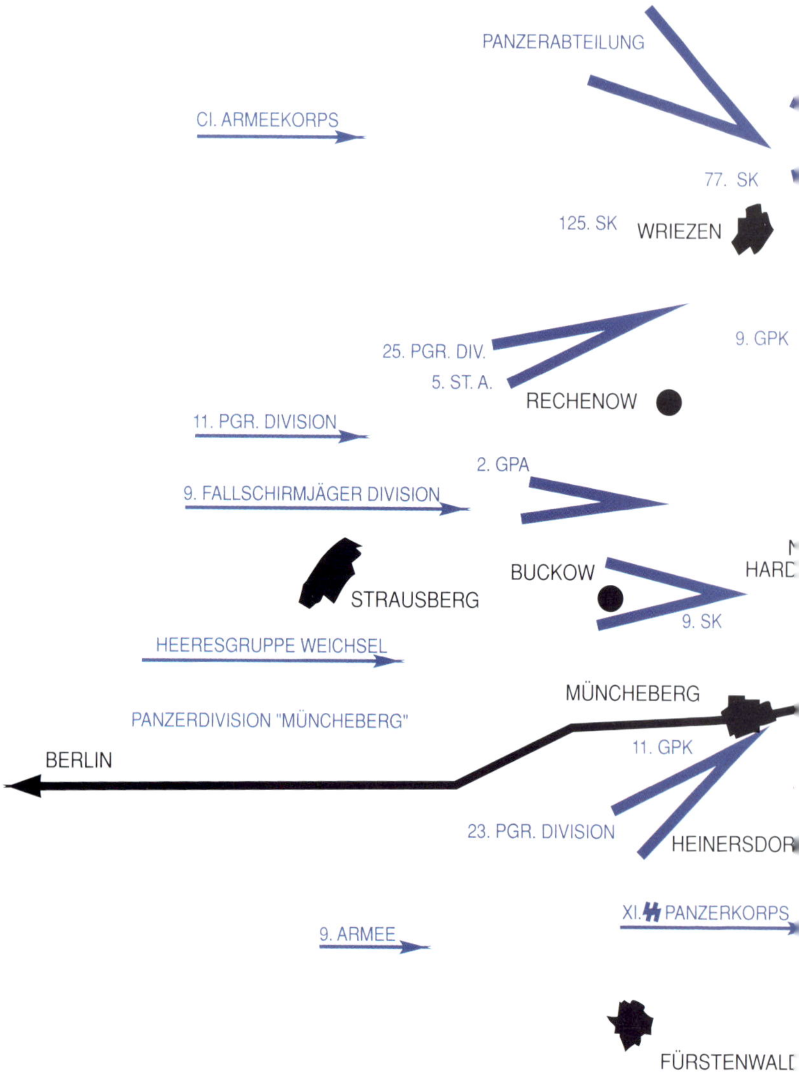
PANZERABTEILUNG
CI. ARMEEKORPS
77. SK
125. SK
WRIEZEN
25. PGR. DIV.
5. ST. A.
9. GPK
RECHENOW
11. PGR. DIVISION
2. GPA
9. FALLSCHIRMJÄGER DIVISION
BUCKOW
HARD
STRAUSBERG
9. SK
HEERESGRUPPE WEICHSEL
MÜNCHEBERG
PANZERDIVISION "MÜNCHEBERG"
BERLIN
11. GPK
23. PGR. DIVISION
HEINERSDOR
XI. SS PANZERKORPS
9. ARMEE
FÜRSTENWAL

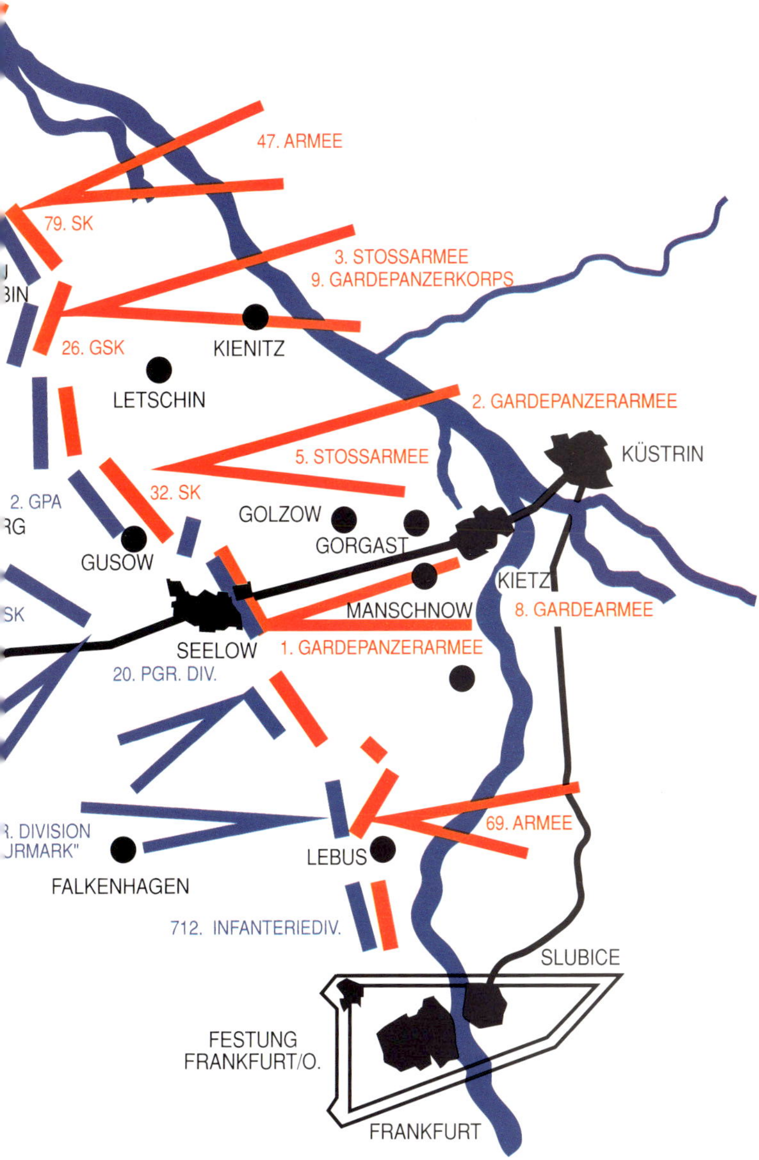
47. ARMEE
79. SK
3. STOSSARMEE
9. GARDEPANZERKORPS
26. GSK
KIENITZ
LETSCHIN
2. GARDEPANZERARMEE
5. STOSSARMEE
KÜSTRIN
2. GPA
32. SK
GOLZOW
GORGAST
GUSOW
KIETZ
MANSCHNOW
8. GARDEARMEE
SEELOW
1. GARDEPANZERARMEE
20. PGR. DIV.
69. ARMEE
FALKENHAGEN
LEBUS
712. INFANTERIEDIV.
SLUBICE
FESTUNG
FRANKFURT/O.
FRANKFURT

Reste einer deutschen Feldstellung am Ufer der Oder bei Kienitz

Stummer Zeuge einer dramatischen Flußüberquerung im April 1945: Ein Brückenbauteil sowjetischer Bauart am Westufer der Oder

Nur eines der Gräber trägt einen Namen:
Soldat Napokoj fiel am 10. Februar 1945

Der Obelisk auf der
Bastion König der zerstörten
Festung Küstrin

Eine Panzerabwehrkanone
zeigt mit dem Rohr
in Richtung Berlin

Das einsame Grab eines gefallenen Soldaten der Roten Armee

Teil der noch erhaltenen Bastion König der Festung Küstrin. Im Mittelpunkt der Obelisk zum Gedenken an die gefallenen Rotarmisten

Erst in den Mittagsstunden gelang es der Hauptstoßgruppierung der sowjetischen Angreifer die erste – schon fast ganz von deutschen Truppen geräumte – Verteidigungsfront zu überwinden. Danach stockte der Angriff der Roten Armee. Erst die achte Sturmwelle brachte den Durchbruch durch die Großkampflinie.

Begleitet von einer doppelten Feuerwalze griff eine komplette Schützendivision auf einem Kilometer Breite an, unterstützt von 40 Panzern. Der Widerstand der Deutschen verstärkte sich, die Kämpfe wurden härter. Die zweite Verteidigungslinie ging an den Feind verloren. Nachdem die Sowjets die dritte Verteidigungsstellung erreicht hatten, kam der Angriff in wildem Abwehrfeuer zum Erliegen. Zahlreiche Panzer und gepanzerte Fahrzeuge blieben in dem sumpfigen und verminten Gelände stecken, die deutsche 8,8-cm-Flak hielt eine furchtbare Ernte.

Generaloberst Tschuikow nach dem Krieg:

»Da sich die Panzerverbände nun durch die Gefechtsordnung der 8. Gardearmee nach vorn zu schieben suchten, wurde es auf den Straßen noch enger; es gab keinerlei Ausweichmöglichkeiten, die Panzer der 1. Gardearmee rammten buchstäblich die Zugmaschinen unserer Artillerie, die gerade neue Stellungen bezog und blockierten dadurch das Manöver der zweiten Staffel unserer Divisionen und Korps. In diesem Zusammenhang muß gesagt werden, daß die 8. Gardearmee erhebliche eigene Panzerkräfte besaß.«

Die Verluste des Angreifers wurden immer größer. Wieder stockte der Angriff. Es war gegen 14.00 Uhr, als sich der Oberbefehlshaber der 8. Gardearmee entschloß, seine Truppen anzuhalten und neu zu ordnen. Es mußte Zeit gewonnen werden, um mit der Artillerie Stellungswechsel vorzunehmen. Für die Sowjets war es dringend erforderlich, der bedrängten Infanterie durch einen erneuten Feuerüberfall schwerer Waffen zu Hilfe zu kommen.

Marschall Shukow wartete ungeduldig und vergeblich auf eine Erfolgsmeldung der 8. Gardearmee, die zu diesem Zeitpunkt stark angeschlagen und vor allem mit sich selber beschäftigt war. Seine Ungeduld ließ Shukow einen weiteren schwerwiegenden militärischen Fehler begehen, der der Sojwetarmee weitere, hohe Verluste einbrachte. Verwirrt durch das erneute Stocken des Angriffs gab er Befehl zum Einsatz der 1. und der 2. Gardepanzerarmee. Das geschah entgegen ursprünglicher Absicht und bestehender Befehlslage. Folge:

Die Panzerkolosse, die wegen des sumpfigen Bodens ohnehin nur auf den Straßen fuhren, stießen auf die eigene, vorgehende Artillerie mit ihren

Geschützen und Zugmaschinen, so daß sich alles zu einem unentwirrbaren Knäuel festfuhr.

Ohne nennenswerte Unterstützung schwerer Waffen saß die Angriffsarmee im sumpfigen Gelände fest – ausgeliefert den gut verschanzten Verteidigern und ihrem gnadenlosen Abwehrfeuer.

Shukows Befehl hatte unfreiwillig dazu beigetragen, daß seine Armee bis zum Einbruch der Dunkelheit hilflos vor der gut befestigten deutschen Stellung auf den Seelower Höhen liegenblieb. Südlich von Seelow blieben die Angreifer ebenfalls stecken. Nur nördlich Seelows gelangten Sowjeteinheiten an die Straße Gusow – Seelow und die Eisenbahnlinie nach Berlin. Ein bescheidener Erfolg angesichts der hohen eigenen Verluste. Shukows Zusage Stalin gegenüber, die Seelower Höhen bis zum Abend des 16. April zu nehmen, konnte nicht eingehalten werden.

Stalin setzte jetzt die erfolgreichen Panzerarmeen Konews ein, ließ sie auf den Endkampf um Berlin eindrehen. Trotz großer Abwehrerfolge gab es bei der deutschen Wehrmacht keinen Grund zum Jubeln. Auch hier waren die Verluste hoch.

Die Schlacht um die Seelower Höhen wurde am folgenden Tag, dem 17. April 1945, mit unverminderter Härte fortgesetzt. Nach 30 Minuten Trommelfeuer auf die deutschen Stellungen griff die 8. Gardearmee erneut an. Die Schlacht konzentrierte sich jetzt auf die inzwischen zur Festung erklärte Stadt Seelow.

Das deutsche Armeeoberkommando (AOK) meldete ernüchtert die eigene Truppe »erheblich angeschlagen«, alle örtlichen Reserven seien eingesetzt. Der Gegenangriff der Panzerdivision »Kurmark« schlug nicht durch.

Der ehemalige Leutnant Karl Hermann Tams, damals Kompanieführer, erinnert sich:

»Am Freitag, 6. April 1945, wurde ich dem Kampfkommandanten von Seelow zugeteilt, und am 14. April übernahm ich den Kompanieabschnitt ›Küstrin‹ mit 136 Soldaten, 4 Panzerabwehrkanonen und 4 schweren Granatwerfern. Unser Auftrag war eindeutig: Den Ort Seelow verteidigen, wenn nötig einschließen lassen und so lange wie möglich Kräfte binden. Dies war ein Himmelfahrtskommando. In der Nacht zum 16. April um 3 Uhr morgens eröffneten Tausende Geschütze gleichzeitig das Feuer, wir hatten den Eindruck, daß jeder Quadratkilometer Erde umgepflügt wurde. Der Kampf begann. Gegen Mittag setzte auf die Höhenstellung ein unvermittelter schwerer Feuerüberfall ein, welcher uns hart getroffen hat. Ein Durchbruch konnte nur unter großen Opfern auf unserer Seite verhindert werden. Jeder 5. meiner Männer war gefallen, vermißt oder verwundet. Nach erbitterten verlustreichen Kämpfen am Vormittag des 17. April zogen wir uns aus dem von russischen T-34-Panzern umfaßten Ort zurück. Bei der Einweisung in die dahinter liegende ›Stein‹-Stellung waren wir mit 13 Mann die vorläufig stärkste Kompanie, d. h. nur jeder 10. Soldat von uns hatte die letzten 37 Stunden überstanden.«

T 34-Panzer der Roten Armee nach den Kämpfen um die Seelower Höhen

Der Stoß auf Berlin und Hitlers Selbstmord

Am 18. April wurden die Seelower Höhen auf der ganzen Linie gestürmt. Die Verteidigungslinien der deutschen Heeresgruppe »Weichsel« waren auf fast 70 Kilometer Breite durchbrochen worden. 30 Kilometer tief drang die Rote Armee beiderseits der alten Reichsstraße 1 in Richtung Berlin vor.

Die Ortschaft Seelow, am Schnittpunkt der Reichsstraße 1 und der Reichsstraße 167 in Richtung Nord-Süd war stundenlang Zentrum der Kämpfe. Im letzten Moment war Seelow noch zur Festung erklärt worden. Um jedes Haus wurde gekämpft. Am Ende der Kämpfe waren fast alle Häu-

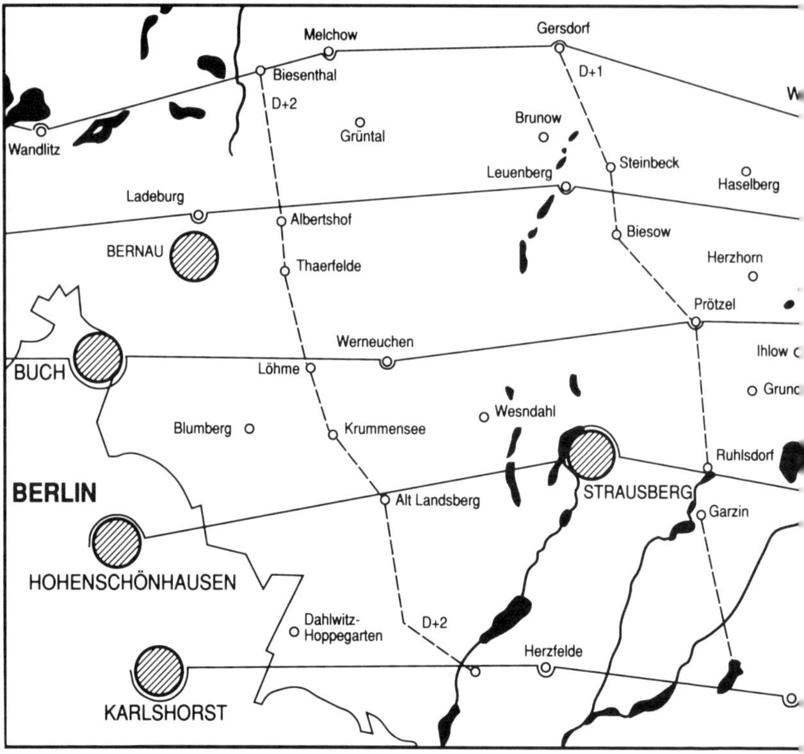

Die Angriffsstreifen für die Hauptkräfte der Roten Armee beim Stoß auf Berlin

ser zerstört. Heute erinnern mittelmäßige Neubauten und ein paar alte Linden, die stehengeblieben sind, daran.

In einem Telefongespräch am 17. April 1945 um 19.05 Uhr sagte Oberst i. G. Eismann zu Major Schwarz vom Oberkommando des Heeres, Operationsabteilung:

> »Schlacht der 9. Armee hat heute ihren Höhepunkt erreicht. Gekennzeichnet durch Auftreten beider Garde-Panzerarmeen und sieben Infanteriearmeen. Die 9. Armee hat sich ausgezeichnet geschlagen. Bruchstellen südlich Frankfurt, beiderseits Seelow und ostwärts Wriezen.
>
> Verlauf vordere Linie: westlich Brieskow und bei Exerzierplatz Lage ungeklärt.
>
> Lage bei Mallnow unverändert.

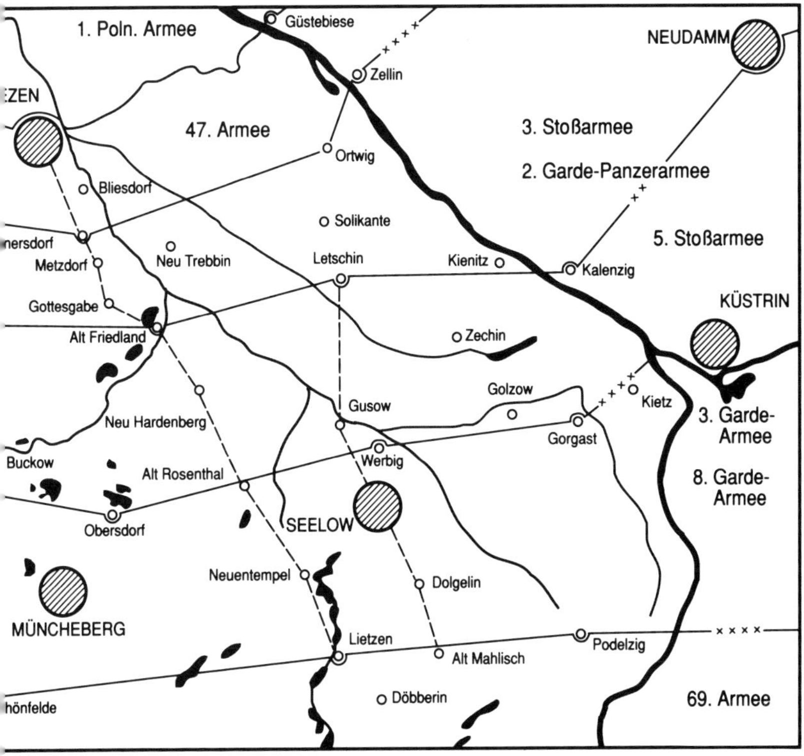

18. Panzergrenadier-Division im Angriff nach Osten auf Seelow.

Plathow vom Feind genommen. Neu-Trebbin vom Feind genommen. Metzdorf und Kunersdorf ebenfalls. Bliesdorf im eigenen Besitz. Brückenkopf Alt Küstrinchen unverändert. Umgruppierungen ›Nordland‹ – ›Nederland‹ eingeleitet.

Aufklärungsvorstöße westlich Nipperwiese. Gefechtsvorposten um 1 800 Meter zurückgedrückt. Ebenfalls Zurückdrücken der Gefechtsvorposten bei Greifenhagen und Reichsautobahn.

Herauslösen 549. V.G.D. durch zwei Marine-Alarm-Regimenter (vom Verteidigungsbereich Swinemünde).«

Schon am 15. April 1945 um 21.30 Uhr schrieb der Chef des Generalstabes des Heeres, General der Infanterie Krebs, in einem als »Geheime

Kommandosache« deklarierten Fernschreiben an die Heeresgruppe »Weichsel«:

»Betr.: Kampfführung im Verteidigungsbereich Berlin.

1. Die H. Gr. Weichsel ist für die Verteidigung der Reichshauptstadt verantwortlich.

2. Falls es dem Feind gelingt, durch die Oderfront auf Berlin durchzubrechen, muß dem Verteidigungsbereich Berlin für den Kampf um die Reichshauptstadt mindestens 1 Division des Feldheeres zugeführt werden.

3. Bei der weiteren Kampfführung kommt es darauf an, daß die Reichshauptstadt nicht von der übrigen Front der H. Gr. Weichsel abgeschnitten und eingeschlossen wird.

4. Der Anschluß von der »Sperrstellung Nord« zum äußeren Verteidigungsring des Verteidigungsbereiches Berlin ist durch je eine Riegelstellung ab Eberswalde und ab Oranienburg sicherzustellen.«

Gegen starken Widerstand der deutschen Verteidiger kamen die sowjetischen Truppen nur sehr langsam voran. Die deutsche Abwehrfront war aber 16 Kilometer breit aufgerissen.

Stalin gab Angriffsbefehle, nahm sie dann wieder zurück. Nervös wollte der Herr im Kreml eine schnelle Entscheidung zu seinen Gunsten. Er beklagte sich bitter bei Generaloberst Tschuikow, daß die 1. Bjelorussische Front den geplanten Geländegewinn in einem Tag erst nach zwei Tagen erbrachte.

Tagesmeldung der Heeresgruppe »Weichsel« vom 18. April 1945:

»Auch während der Nacht griff der Feind fortlaufend an und trat am heutigen Morgen mit aller Wucht erneut gegen die durch den pausenlosen Einsatz in den letzten Tagen geschwächten eigenen Verbände zum Angriff an. In den Brennpunkten der Schlacht beiderseits Seelow bis südlich Neubrandenburg und südlich Wriezen hat die Entwicklung zur Krise geführt.«

Einen Tag später war der Gegner bereits in den Raum um Müncheberg eingedrungen, am Abend wurde die deutsche Abwehrfront aufgerissen. Der Widerstand der erschöpften deutschen Armee begann zu erlahmen. Hiobsbotschaften kamen von allen Teilen der Front.

Panzer der 3. Armee gingen auf Strausberg zurück, im Norden mußten sich die deutschen Truppen auf Eberswalde absetzen.

Hitler gab in der Nacht zum 20. April, an dem er 56 Jahre alt wurde, den Befehl, alle noch in Berlin verfügbaren Truppen der Heeresgruppe »Weichsel« zu unterstellen und unverzüglich einzusetzen. Aber diese Maßnahme erwies sich als unklar und unrealistisch. Hartnäckig weigerte sich Hitler, der 9. Armee das Absetzen vom Gegner, das Beziehen rückwärtiger Stellungen und die Neugliederung der Abwehreinheiten zu genehmigen. Er trug so dazu bei, daß die Heeresgruppe eingekesselt und vernichtet wurde. Dabei war klar, daß am Abend des 19. April 1945 die Entscheidung im Endkampf um das Deutsche Reich nunmehr endgültig zugunsten der Sowjetarmee gefallen war.

Die 2. Bjelorussische Front trat am 20. April zur Offensive an. Die Deutschen, besonders die 3. Panzerarmee, hielten sich vier Tage lang unter Aufbietung aller Reserven. Mehrmals mußte der sowjetrussische Marschall Rokossowski aufgrund des deutschen Widerstandes seine Angriffsschwerpunkte ändern.

Bei der benachbarten 1. Ukrainischen Front war den Rotarmisten schon am ersten Tag des Angriffs der Durchbruch gelungen. Die Lage der Deutschen wurde hoffnungslos. Die Panzerarmeen unter Konew waren schon am 17. April zum Stoß auf Berlin eingeschwenkt. Die Panzer gewannen 25 km Raum, setzten unter großen Schwierigkeiten über die Spree und standen zwei Tage später bei Luckenwalde und Zossen. Ähnlich erfolgreich operierte die 3. Gardepanzerarmee: Sie konnte über Calau, Luckau, Baruth bis nach Wünsdorf vordringen. Die dort stationierte Befehlszentrale des Generalstabes des Heeres fiel am 20. April in Feindeshand.

Die 4. Gardepanzerarmee setzte zielstrebig ihren Angriff im Raum Beelitz – Michendorf – Potsdam fort. Überall brach die deutsche Verteidigung zusammen. Das Angriffstempo der Roten Armee steigerte sich derart, daß eigene Versorgungsfahrzeuge nicht schnell genug nachkommen konnten.

In der Nacht zum 21. April erreichten Konews Panzerspitzen bei Stahnsdorf den südlichen Stadtrand von Berlin.

Südostwärts von Berlin wurden kurz darauf die Reste der Heeresgruppe »Weichsel« unter General Busse, darunter Teile der 4. Panzerarmee, von der vereinigten 1. Bjelorussischen und der 1. Ukrainischen Front weiträumig eingeschlossen. Munition und Verpflegung wurden knapp, Treibstoff fehlte. Die immer zahlreicher werdenden Verwundeten konnten nicht mehr versorgt werden. In dieser verzweifelten Lage erreichte die Eingeschlossenen der Befehl:

Gegenangriff und den angreifenden Sowjettruppen in die Flanke stoßen. Wieder ein Befehl für ein Himmelfahrtskommando. Dennoch traten die erschöpften Deutschen an. Der erste Versuch, noch weiter durchzubrechen, scheiterte bei Märkisch-Buchholz. Zwei Tage später gelang bei Halbe der Durchbruch, wenn auch unter schweren Verlusten. Die deutschen Ausbrecher konnten sich am 1. Mai mit der 12. Armee bei Potsdam verbinden.

Aus dem Tagebuch eines gefallenen deutschen Soldaten:

> »Man erzählt viele Parolen, aber um alle wiederzugeben, gebrauchte ich viele Seiten in meinem kleinen Tagebuch. Eine war glaubwürdig, ›um 18 Uhr soll ein Durchbruch erfolgen von uns in Richtung auf Halbe‹. Unser Führer Paulchen, der lustige Geselle, ging zu einem Hauptmann, erklärte ihm unser Vorhaben, und wir durften uns seinem Häuflein anschließen. Um 17 Uhr marschierten wir auf Märkisch-Buchholz zu, wir waren nun 21 Mann geworden. Vor uns stattliche Panzer ›Tiger‹ und wie sie noch alle heißen, dann das Fußvolk und Zivilisten mit weinenden Kindern rannten durch die Straßen, Autos mit Verwundeten aus dem Lazarett fuhren kreuz und quer, eine wilde Jagd begann. Die Panik wurde noch größer, als man in eine größere Ansammlung hineingeschossen hatte. Häuser fingen an zu brennen, Fahrzeuge brannten, und wir alle hatten uns verloren.«

Zum 56. Geburtstag Hitlers brach die 2. Gardepanzerarmee der Sowjets mit der 3. Stoßarmee in den Raum Bernau durch. Damit war der dritte Verteidigungsstreifen überwunden. Sowjetpanzer erreichten ferner Fredersdorf, Rüdersdorf, Erkner und Königs Wusterhausen. Die 3. Stoßarmee und die 47. Armee eröffneten das Artilleriefeuer auf Berlin.

Ein damaliger Schüler erinnert sich:

> »… und so sitzen wir im Dunkeln und lauschen auf das ununterbrochene Heulen der Granaten und atmen jedesmal erleichtert auf, wenn der Einschlag nicht in unmittelbarer Nähe ist. So geht die Nacht vorbei, und ein trauriger, blutiger Sonntag bricht an. Die Front rückt näher. Das merken wir daran, daß Krankenautos auf den Straßen hin und her rasen. Verwundete schleppen sich in das Stadtinnere, Autos mit Munition und Proviant rasen in Richtung Pankow – Schönhausen und Buch. Im Radio hören wir, daß sich die Front auf der Linie Frohnau, Bernau, Pankow – Schönhausen und östlich Schöneweide her der Reichshauptstadt nähert. Wir wissen also, daß auch unser Bezirk Prenzlauer Berg in den nächsten Stunden und Tagen Front wird … Uns gegenüber, im Ufa-Theater Colosseum, stauten sich die Verwundeten, die

dort in Ermangelung eines Lazaretts untergebracht waren. Inzwischen war es acht Uhr früh geworden, und trotzdem war von der Front noch nichts zu sehen. Aber es sollte sich bald ändern. Um elf Uhr sah ich die deutschen Truppen in hellen Scharen an mir vorbeiströmen in Richtung Alexanderplatz. Nicht etwa formiert, nein, man konnte es regellose Flucht nennen. Was den einzelnen Soldaten zu schwer oder beschwerlich wurde, warfen sie weg, so daß sich bald Panzerfäuste, Maschinengewehre und sonstiges Kriegsmaterial unter der Hochbahnlinie häuften.

Zuletzt kam die SS. Sie zogen sich nicht etwa kämpfend zurück! Sie gingen unter der Hochbahn im Spazierschritt der Innenstadt zu, ohne sich um die nachfolgenden Russen überhaupt zu kümmern...«

Am 20. April 1945 wurde durch fünf Minuten Dauerton aller Sirenen Feindalarm gegeben. Der Kampf um Berlin dauerte jetzt nur noch zwölf Tage. Deutsche Soldaten fuhren nun mit Bussen und Straßenbahnen an die Front. General Weidling befehligte die Reste des LVI. Panzerkorps, wurde zum Kampfkommandanten ernannt. Sein Kampfauftrag: Berlin im Osten und Südosten zu verteidigen. Dazu hatte der General höchstens 200 000 Mann, 100 Panzer und 100 Geschütze verschiedener Kaliber. Rund 90 000 davon bildeten den Kern der Verteidiger Berlins, unter denen sich zahlreiche Angehörige von Volkssturm und Hitlerjugend befanden. Diesen verlorenen Kampfeinheiten stellte die Rote Armee fast 465 000 Mann mit 12 700 Granatwerfern und Geschützen, 2 100 Geschoßwerfern (Stalinorgeln) und 1 500 Panzern und Selbstfahrlafetten entgegen.

Am 25. April umfaßte die Rote Armee die geschundene deutsche Hauptstadt wie mit einer stählernen Klammer.

Am 22. April 1945 hielt Hitler seine letzte längere Lagebesprechung im Führerbunker ab. Aber es gab nichts mehr zu besprechen. Mit dürren Worten erklärte der Führer und Reichskanzler, Chef des Oberkommandos der Wehrmacht, daß er den Krieg für verloren halte.

Was Hitler noch acht Tage lang nach der gespenstischen Lagebesprechung getan hat, ist so gut wie unbekannt.

Bekannt hingegen ist, daß sich SS-Brigadeführer und Generalmajor Mohnke, Befehlshaber des Zentralsektors »Z« der Innenstadt Berlin, am 30. April 1945 zu Hitler begab und meldete, daß die Reichskanzlei in der Wilhelmstraße höchstens noch 24 Stunden gehalten werden könne.

Am 29. April 1945 um 4 Uhr früh unterschrieb Hitler sein letztes Dokument:

Sein Testament. Es umfaßt drei Seiten DIN A 4 und trägt den Titel: »Mein privates Testament«:

»Da ich in den Jahren des Kampfes glaubte, es nicht verantworten zu können, eine Ehe zu gründen, habe ich mich nunmehr vor Beendigung dieser irdischen Laufbahn entschlossen, jenes Mädchen zur Frau zu nehmen, das nach langen Jahren treuer Freundschaft aus freiem Willen in die schon fast belagerte Stadt hereinkam, um ihr Schicksal mit dem meinen zu teilen. Sie geht auf ihren Wunsch als meine Gattin mit mir in den Tod. Er wird uns das ersetzen, was meine Arbeit im Dienst meines Volkes uns beiden raubte. Was ich besitze, gehört – soweit es überhaupt von Wert ist – der Partei.

Sollte diese nicht mehr existieren, dem Staat, sollte auch der Staat vernichtet werden, ist eine weitere Entscheidung von mir nicht mehr notwendig.

Ich habe meine Gemälde in den von mir im Lauf der Jahre angehäuften Sammlungen niemals für private Zwecke, sondern stets nur für den Ausbau einer Galerie in meiner Heimatstadt Linz a. d. Donau gesammelt.

Daß dieses Vermächtnis vollzogen wird, wäre mein herzlichster Wunsch.

Zum Testamentvollstrecker ernenne ich meinen treuesten Parteigenossen Martin Bormann.

Er ist berechtigt, alle Entscheidungen endgültig und rechtsgültig zu treffen. Es ist ihm gestattet, alles das, was persönlichen Erinnerungswert besitzt, oder zur Erhaltung eines kleinen bürgerlichen Lebens notwendig ist, meinen Geschwistern abzutrennen, ebenso vor allem der Mutter meiner Frau und meinen, ihm genau bekannten treuen Mitarbeitern und Mitarbeiterinnen, an der Spitze meinen alten Sekretären, Sekretärinnen, Frau Winter, usw., die mich jahrelang durch ihre Arbeit unterstützten.

Ich selbst und meine Gattin wählen, um der Schande des Absetzens oder der Kapitulation zu entgehen, den Tod.

Es ist unser Wille, sofort an der Stelle verbrannt zu werden, an der ich den größten Teil meiner täglichen Arbeit im Laufe eines zwölfjährigen Dienstes an meinem Volke geleistet habe.

Gegeben zu Berlin, den 29. April 1945, 4.00 Uhr.«

Am Nachmittag des 30. April 1945 erschoß sich Hitler, seine Ehefrau Eva und sein Schäferhund Blondie starben durch Gift.

Der General der Artillerie und Befehlshaber des »Verteidigungsbereichs Berlin«, Weidling, formulierte den letzten schriftlichen Befehl an seine Soldaten:

> »Befehl.
>
> Am 30. 4. 45 hat sich der Führer selbst entleibt und damit uns, die wir ihm die Treue geschworen hatten, im Stich gelassen.
>
> Auf Befehl des Führers glaubt ihr noch immer um Berlin kämpfen zu müssen, obwohl der Mangel an schweren Waffen, an Munition und die Gesamtlage den Kampf als sinnlos erscheinen lassen.
>
> Jede Stunde, die ihr weiterkämpft, verlängert die entsetzlichen Leiden der Zivilbevölkerung Berlins und unserer Verwundeten. Jeder, der jetzt noch im Kampf um Berlin fällt, bringt sein Opfer umsonst. Im Einvernehmen mit dem Oberkommando der sowjetischen Truppen fordere ich Euch daher auf, sofort den Kampf einzustellen.«

Am 30. April 1945 um 6.30 Uhr kapitulierte General Weidling bedingungslos vor der Roten Armee.

Die Bewältigung der Vergangenheit

Die Verluste beim Kampf um die Seelower Höhen waren hoch: 12 000 deutsche Soldaten, 33 000 Russen und Polen fielen auf dem Schlachtfeld.

Mehr als 50 Jahre liegt diese Entscheidungsschlacht vor den Toren Berlins zurück.

Es war der sowjetische Marschall Shukow, der sofort nach Beendigung der Kampfhandlungen den russischen Staatsbildhauer Lew Kerbel nach Berlin kommen ließ und ihm den Befehl erteilte, drei Monumente der Roten Armee zu schaffen: Eins im Berliner Bezirk Tiergarten unweit des Brandenburger Tores, eins in der heftig umkämpften Stadt Küstrin und eins am östlichen Ortsausgang von Seelow, auf den Seelower Höhen. Der Marschall gab dem Künstler dafür drei Monate Zeit.

Am 7. Oktober 1945 waren das sowjetische Ehrenmal im Berliner Tiergarten, am 17. November 1945 das in Küstrin und am 27. November 1945 das in Seelow fertiggestellt. Letzteres zur Erinnerung an den schwersten Feuerüberfall des Krieges, bei dem aus 22 000 Geschützen in wenig mehr als 30 Minuten 500 000 Granaten abgefeuert wurden (nach sowjetischen Quellen).

Auf einem Stapel aus Quadersteinen steht ein sowjetischer Rotarmist im Bronzeguß, überlebensgroß, die klobige Maschinenpistole vor der Brust, seine Linke auf einen zerstörten Panzer gestützt. Sein Blick geht in das Oderbruch, das Kampfgebiet.

Zu Füßen des Monuments liegen die Grabstätten von gefallenen Sowjetsoldaten und ein kleiner Ausstellungsraum, äußerlich gestaltet wie ein Gefechtsbunker. Waffen, Ausrüstungsgegenstände und Fototafeln vermitteln Eindrücke von den damaligen Kämpfen. Dem Betrachter fällt auf, daß nur die Taten der Sowjets als Heldentaten gefeiert werden, beim Gegner, den Deutschen, nur von »Faschisten« die Rede ist.

Seelows Gemeindeverwaltung hat die Anlage entsprechend den historischen Tatsachen neu gestaltet und eine echte Gedenkstätte, ein Antikriegsmuseum, geschaffen.

Dr. Lipfert, Landrat des Kreises Seelow, sagte dazu:

> »Im Wandel der Geschichte ist es eine wichtige Aufgabe, Inhalt und Form der Gedenkstätte aus der vergangenen, einseitigen ideologischen Betrachtung zu lösen und die fraglichen historischen Konflikte als humanistisches Bildungsmittel zu nutzen.
>
> Sie soll als Ort der Begegnungen dazu beitragen, aus der leidvollen Vergangenheit eine gemeinsame Zukunft auch mit unseren östlichen Nachbarn zu schaffen.«

III. Routenvorschläge

Wie kommt man hin?

Ausgangspunkt für die Fahrt ins Oderbruch von Berlin aus ist die Karl-Marx-Allee im Stadtbezirk Friedrichshain. Von hier geht der Weg ca. 70 km weit genau in Richtung Osten nach Seelow, auf der Bundesstraße 1. Die Bundesstraße 1 war früher eine bedeutende Verkehrsader, die als Reichsstraße 1 von Aachen über Berlin nach Königsberg führte.

Schon die heutige Karl-Marx-Allee ist historisches Gebiet des Nachkriegsdeutschland: Hier nahm der Volksaufstand des 17. Juni 1953 seinen Anfang. Zuerst revoltierten etwa 40 Bauarbeiter der damaligen Stalinallee, deren Häuser damals noch im Rohbau waren, im Nieselregen gegen die willkürlichen Normenerhöhungen für die Bauarbeiter, die schon im Mai administrativ befohlen worden war. Die Arbeiter hatten anfangs nichts weiter vor, als dem damaligen DDR-Ministerpräsidenten einen Protestbrief zu überreichen. Die Protestaktion sprach sich herum wie ein Lauffeuer. In wenigen Stunden hatte sich ein Demonstrationszug von Zehntausenden gebildet, der zum Haus der Ministerien (heute Sitz der Treuhand) in der Leipziger Straße (Mitte) zog. Allen voran: Die wütenden Bauarbeiter von Ost-Berlins Renommier-Bauprojekt, der Stalinallee, in durchnäßter Arbeitskleidung, die meisten trugen Holzpantinen an den Füßen.

Volkspolizisten in schwarzen Uniformen hatten eine Dreierreihe gebildet und sperrten den Zugang zum Haus der Ministerien ab. Die blutjungen Polizisten mit den entsetzten Gesichtern verdichteten die Postenkette, indem sie beidarmig nach rechts und links sich am Koppel der Nebenmänner festhielten. Den Weltkriegskarabiner 98 k trugen sie am Riemen auf dem Rücken. Bleich und verstört waren die Volkspolizisten stundenlang den heftigen Vorwürfen und Forderungen der Demonstranten ausgesetzt, ohne nur ein Wort sagen zu dürfen.

Schließlich tauchte der DDR-Minister für Schwerindustrie Fritz Selbmann hinter dem Polizeikordon auf. Er bestieg einen Tisch, den man herangeschoben hatte. »Kollegen«, rief der Minister, »hört mich bitte an.« Es kam zu einem vielstimmigen Aufschrei der Demonstranten: »Wir sind nicht deine Kollegen.«

Und dann: »Wir wollen euch nicht mehr. Wir wollen freie Wahlen.«

Dann flogen Pflastersteine. Mehrere Polizisten, die nur Mützen trugen, wurden am Kopf getroffen, fielen vornüber. Andere Polizisten zogen sie an den Beinen hinter den Kordon.

Die Menge rückte jetzt gegen die Polizisten vor.

Die meisten hatten nicht bemerkt, daß mehrere Panzer der Sowjetarmee vom Typ T 34 hinter ihrem Rücken aufgefahren waren, besetzt von jeweils mehreren Soldaten der Roten Armee. MG-Salven fegten über die Köpfe der Demonstranten, die sich zur wilden Flucht abwandten. Viele ergriffen Pflastersteine, schleuderten sie in ohnmächtiger Wut gegen die Panzer. Wieder wurde geschossen.

Auf dem ersten Panzer stand, die Makarow-Pistole in der Rechten, der sowjetische Stadtkommandant Pawel Dibrowa. Der Ausnahmezustand war inzwischen durch Plakatanschläge bekanntgemacht worden.

Die Zahl der Aufständischen war auf rund 100 000 Personen angestiegen.

Tausende von Henningsdorfer Stahlkumpeln, die in einem Eilmarsch über die Westsektoren Berlins zum Regierungssitz der DDR vordrangen, machten mit den Forderungen »Weg mit der Regierung« und »Freie Wahlen« ihrem Anliegen lautstark Luft.

Britische Truppen waren in aller Eile aufgefahren, als die Henningsdorfer durch das Brandenburger Tor marschierten. Es war von englischer Seite befürchtet worden, daß sich die Wut der Stahlkocher an dem sowjetischen Denkmal im Tiergarten entladen könnte. Eine Befürchtung, die nicht eintrat. Britische Soldaten griffen nicht ein, als wütende Demonstranten das Brandenburger Tor stürmten und die verhaßte Rote Fahne herunterholten und zerfetzten.

Der Volksaufstand, das wurde erst später bekannt, hatte 272 Städte und Ortschaften der DDR erfaßt. Nach Erkenntnissen der »Arbeitsgemeinschaft 13. August« hat der Aufstand gegen das DDR-Regime 109 Tote gefordert, 41 Sowjetsoldaten wurden von eigenen Kameraden erschossen, teils weil sie sich mit den Streikenden solidarisierten oder dem Feuerbefehl nicht Folge leisteten.

18 Bürger der DDR wurden sofort standrechtlich erschossen, zwei hingerichtet. Mehr als 20 der Aufständischen und der Schaulustigen wurden erschossen. Vier von den Volkspolizisten wurden – meist durch Steinwürfe – getötet.

Allein in Berlin sind 23 Sowjetsoldaten wegen Befehlsverweigerung oder Solidarisierung mit den Aufständischen auf der Stelle erschossen worden.

Der Volksaufstand vom 17. Juni 1953 war die erste Massenerhebung gegen den aufgezwungenen Sowjetkommunismus, weitere folgten in Budapest und Prag. Hier und da wurden die Volksaufstände von sowjetischen Truppen niedergeschlagen. In Berlin starben in den Straßen des Volksaufstandes:

Unbekanntes Kind (9)
Horst Bernhagen (21)
Willy Göttling (25)
Kurt Heinrich (44)
Rudolf Herger (40)
Edgar Krawetzke
Hardy Kugler
Richard Kugler (15)
Erich Nast (40)
Erich Pannewitz (61)
Dr. Oskar Pohl (25)
Wolfgang Rohling
Gerhard Santura (17)
Gerhard Schulze
Rudolf Schwander (16)
Werner Sendsitzling (16)
und 23 Soldaten der Roten Armee

Es gehört zu der Tragik des Volksaufstandes vom 17. Juni 1953, daß der von den Sowjets schon abgehalfterte und in der ostdeutschen Bevölkerung verhaßte Walter Ulbricht an der Macht blieb.

Nach dem Tode von Marschall Josef Wissarionowitsch Stalin im März 1953 waren dessen Nachfolger Georgij Malenkow und Polizeiminister Lawrentij Berija deutlich auf Distanz zu Walter Ulbricht gegangen. Stalins Nachfolgern war klar geworden, daß Ulbrichts verschärfter Klassenkampf beim »Aufbau des Sozialismus« große Mißstimmung in der Bevölkerung ausgelöst hatte. Die neuen Führer der Sowjetunion forderten von Ulbricht einen »neuen Kurs« von Partei und Staat, an bürgerliche Bevölkerungsschichten sollten Konzessionen gemacht, Fehler eingestanden werden und vor dem ganzen Staatsvolk ein »Reuebekenntnis« abgelegt werden.

Die ohne von diesen Vorgängen etwas ahnenden aufständischen Bauarbeiter der Stalinallee kamen diesen Aktivitäten sozusagen zuvor. Moskau konnte aber danach seine Ansätze zu einer neuen Deutschlandpolitik nicht mehr verfolgen. Mehr noch: Da die DDR-Machthaber vor den Aufständischen zu kapitulieren schienen, wurde den Sowjets ein Grund geliefert, den Aufstand blutig niederzuschlagen. Bertolt Brecht schrieb zu den Ereignissen vom Juni 1953: »Nach dem Aufstand des 17. Juni ließ der Sekretär des Schriftstellerverbandes in der Stalinallee Flugblätter verteilen, auf denen zu lesen war, daß das Volk das Vertrauen der Regierung verscherzt habe und es nur durch doppelte Arbeit zurückgewinnen könne, wäre es da nicht einfacher, die Regierung löste das Volk auf und wählte ein anderes?«

Erst am 17. Juni 1993 – 40 Jahre danach – wurde am ehemaligen »Haus der Ministerien« an der Ecke Leipziger-/Wilhelmstraße (Mitte) eine Gedenktafel für die Opfer des Volksaufstandes mit der Inschrift enthüllt:

»An dieser Stelle vor dem ›Haus der Ministerien‹ der DDR forderten am 16. Juni 1953 die Bauarbeiter der Stalinallee im Bezirk Friedrichshain die Senkung der Arbeitsnormen, den Rücktritt der Regierung, die Freilassung aller politischen Gefangenen sowie freie und geheime Wahlen. Diese Protestversammlung war Ausgangspunkt des Volksaufstandes am 17. Juni 1953.«

Die 120 Zentimeter breite und 74 Zentimeter hohe Gedenktafel aus Bronze wurde in der Friedenauer Gießerei Hermann Noack hergestellt.

Nur bis 1961 behielt die Magistrale den Namen »Stalinallee«, Mitte November desselben Jahres ließ die damalige SED das bronzene Standbild des Generalissimus Josef Wissarionowitsch Stalin in der ihm zu Ehren benannten Allee, nahe dem Strausberger Platz, in nur einer einzigen Nacht schleifen. Die Partei konnte sich auf die Beschlüsse des XXII. Parteitages der KPdSU berufen, die sich gegen alle Formen des Personenkults aussprachen. Geblieben ist eine Büste von Karl Marx.

Zwischen Alexanderplatz und Frankfurter Tor wurde die Stalinallee in Karl-Marx-Allee umbenannt, den alten Namen Frankfurter Allee erhielt der folgende Abschnitt bis zum gleichnamigen S-Bahnhof.

Es war Nikita Chruschtschow, der bei einem Staatsbesuch in der Hauptstadt der DDR der Bauweise im »Zuckerbäckerstil« mit vielen Türmchen und Eckchen ein Ende setzte. Eine neue Sachlichkeit machte sich breit.

Heute bemüht sich das Bezirksamt Friedrichshain um mehr Ansehen für die am meisten befahrene Magistrale Berlins, die – als Vorschußlorbeer – den Namen »Kurfürstendamm des Ostens« erhalten hat.

Der Weg in Richtung Seelow führt also über diese Karl-Marx-Allee, vorbei an den Kuppeltoren des Frankfurter Tores über die Frankfurter Allee,

Alt-Friedrichsfelde, Alt-Biesdorf, Alt-Kaulsdorf und Alt-Mahlsdorf in knapp 30 Minuten zur Berliner Stadtgrenze. Nach Seelow sind es jetzt noch 53 km.

Man folgt jetzt der Bundesstraße 1 genau in östlicher Richtung über Dahlwitz-Hoppegarten, Vogelsdorf, Herzfelde nach Müncheberg, weiter über Jahnsfelde und Diedersdorf nach Seelow.

Der Landkreis Seelow

Rund 38 000 Einwohner leben im Landkreis Seelow in zwei Städten (Lebus und Seelow) und 57 Gemeinden – auf rund 843 Quadratkilometern fruchtbaren Ackerbodens.

Mit nur 48 Einwohnern pro Quadratkilometer gehört der Landkreis zu den am dünnsten besiedelten Gegenden Deutschlands. Der Landkreis hat im Norden Anteil an das Oderbruch mit guten Schlickböden, der sich zum Anbau von Weizen, Zuckerrüben und Gemüse bestens eignet. Im Süden bilden die Diluvialhochflächen des Lebuser Landes die Begrenzung des Kreises. Hier herrscht flache, lehmige Grundmoräne vor. Im Westen reicht der Landkreis in den Naturpark »Märkische Schweiz« hinein, im Nordwesten beginnt der Barnimer Höhenzug und im Osten bildet die Oder (polnisch Odra) die natürliche Grenze zum Nachbarland Polen.

Der Landkreis Seelow ist Kern des früheren Lebuser Landes, das um 1123 als Bistum gegründet wurde. Erst 1952 wurde der Landkreis Seelow gebildet. Er ist um die Hälfte kleiner als das alte Lebuser Land.

Zur Zeit der Piasten, des alten polnischen und schlesischen Herrschergeschlechtes, das in Polen von 963 bis 1370, in Teilen Schlesiens bis 1675, regierte, wurde Heinrich dem Bärtigen die spätere Heilige Hedwig versprochen, die damals noch in der Wiege lag. 12jährig folgte sie gehorsam dem Gemahl nach Schlesien und regte ihn zur Gründung des Klosters Trebnitz an. Der Fürst schenkte dem Zisterzienserkloster Lebus in Schlesien und dem Nonnenkloster Trebnitz »400 Hufen« unbebautes Land der jetzigen Kreise Strausberg und Seelow. So war das Bistum Lebus entstanden. Die Zisterzienser widmeten sich außer der Pflege und Verbreitung geistlichen Glaubens auch den Fortschritten im Landbau. Überall entstanden damals Musterwirtschaften.

Das Dorf Trebnitz erinnert noch heute an das Kloster.

Der Name bedeutet in heutiger, freier Übersetzung »sie brauchen nichts« oder »sie bedürfen nichts«. Zu besichtigen ist heute lediglich noch das Herrenhaus im Neo-Barock um 1900. Der dreigeschossige Putzbau mit elf Achsen und fünfachsigen Mittelrisaliten und einem vorgezogenen Säulenportikus ist in desolatem Zustand. Restauriert wurde inzwischen die Dorfkirche, ein gotisierter Backsteinbau.

Die Landschaft im Kreis Seelow ist gegensätzlich gestaltet – bestehend aus dem Lebuser Höhenland, das seit dem 13. Jahrhundert besiedelt ist, den langgestreckten Erdrinnen und Seen und schließlich dem unter Friedrich dem Großen kultivierten Oderbruch. Dieses Gelände ist flach und übersichtlich, fast ganz waldfrei. Bäume stehen lediglich entlang der Flüsse oder säumen die Straßen zu den typischen Alleen, die man überall in Brandenburg findet. Wer zuerst auf die Idee kam, Landstraßen mit schattenspendenden Alleen zu säumen, ist nicht bekannt. Hartnäckig hält sich bei den Einheimischen die Ansicht, Napoleon habe höchstpersönlich die Anpflanzungen befohlen, damit – während der französischen Besetzung Brandenburgs Anfang des 19. Jahrhunderts – »seine Grenadiere im Schatten marschieren können«.

Typisch für das Oderbruch sind die Kopfweide und die weitverstreuten Loosengehöfte. Es gibt eine artenreiche Flora und Fauna. Für die Internationale Vogelflugstrecke sind weite Gebiete der Naturschutzgebiete ausgewiesen worden. Zoologen beobachten jährlich rund 40 Storchenpaare, die hier nisten. Ende des Sommers gehen dann bis zu 60 Jungstörche auf den großen Flug nach Süden. Im Lebuser Naturschutzgebiet gedeiht das in Europa außerordentlich seltene Adonisröschen.

Die Landwirtschaft mit ihren vielfältigen Produkten ist nach wie vor Haupterwerbszweig des Landkreises.

Die Industrie spielt in der Wirtschaftsstruktur eine nur untergeordnete Rolle. Von der Gesamtfläche des Kreises von 84 200 Hektar waren 64 800 Hektar landwirtschaftliche Nutzfläche und machten den Landkreis zur »Speisekammer« und zum »Gemüsegarten« der Städte, Berlin eingeschlossen. Ökologischer Ackerfruchtbau wird überall betrieben. Pflege des Bodens und Erhalt des Landschaftsbildes sind oberstes Gebot. Die Erweiterung pflanzlicher Kulturen ist für jedermann erkennbar. Gediehen früher vorwiegend Getreide, Kohl, Kartoffeln und Rüben, so gibt es jetzt Anbauerfolge auch bei Flachs, Raps und Sonnenblumen. Blühende Felder werden für den Touristen zur Augenweide.

Von der Gesamtfläche des Kreises von 84 200 Hektar sind 600 Hektar Seen und Teiche. 13 000 Hektar sind Flächen unter Landschaftsschutz.

Das Oderbruch

Das Oderbruch liegt links der Oder zwischen Lebus und Oderberg (Regierungsbezirk Frankfurt). Das Bruch hat eine Ausdehnung von 640 Quadratkilometern fruchtbaren Ackerbodens.

Es war Friedrich der Große, der den »Gemüsegarten Berlins« schaffen ließ und durch die Anordnung der Veränderung (Begradigung) des

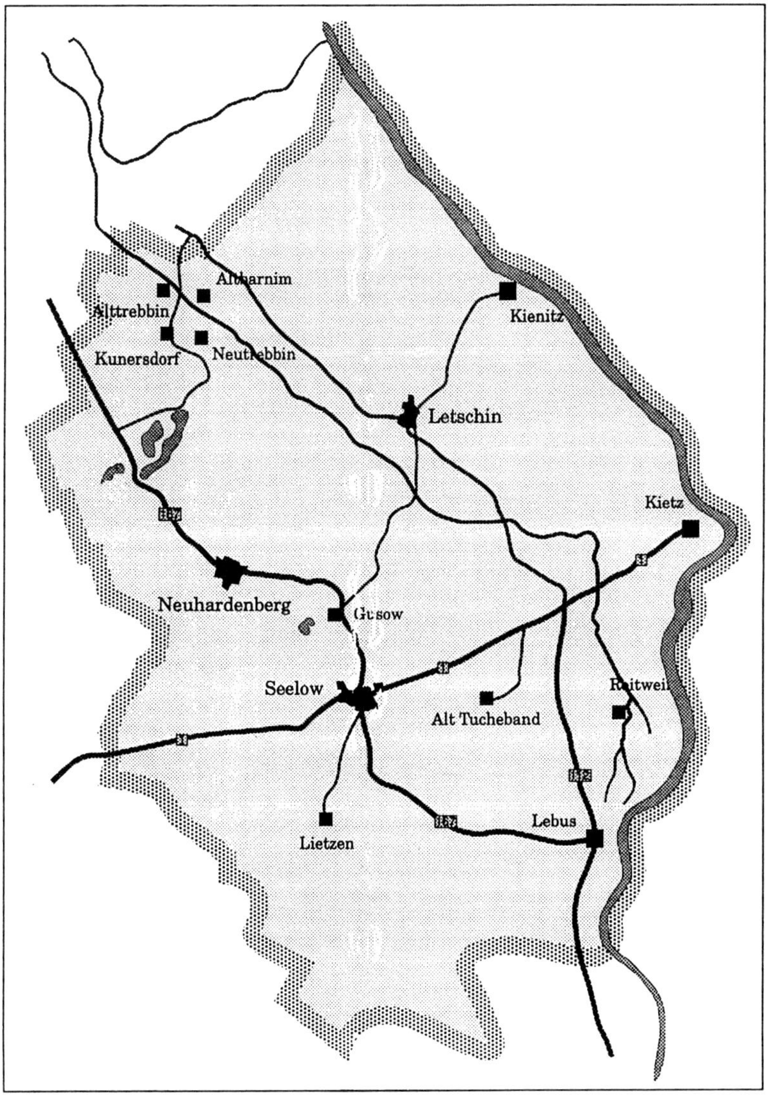

Flußlaufes der als tückisch geltenden Oder eine ständige Überschwemmungsgefahr bannte.

Das jährliche Tauwetter mit den Massen scharfkantiger Eisschollen (von den Einheimischen »Brieger Gänse« genannt) führte fast ständig zu verheerenden Überflutungen, die die wenigen Bewohner – meist Fischer – immer wieder um Hab und Gut brachten.

Das Oderbruch wird im Osten von aufgeschütteten mächtigen Deichen geschützt, im Westen vom Hügelland des Barnim und Lebus begrenzt. Die für Berlin so typischen Kiefernwälder, die Heidelandschaften und den vielbesungenen »märkischen Sand« sucht man hier vergebens. Das Bruch ist flach wie ein »Brett«.

Die weitläufige Tiefebene hat sich zur Eiszeit vor nahezu 20 000 Jahren herausgebildet und geformt. Das Bruch ist etwa 50 Kilometer lang und fast 16 Kilometer breit. Wie bereits geschildert, wurde die Oder im Frühjahr 1945 zum Schicksalsfluß. Der Fluß hat nur ein geringes Gefälle, das Wasser fließt träge. Das Abfließen der Wassermassen – durch Nebenflüsse aus dem Riesengebirge und den Sudeten angereichert – wurde bei Güstebiese (Gozdowice), ferner bei Wriezen, Bralitz und Hohensaaten gebremst und behindert. Das war bei der Eisschmelze katastrophal. Regelmäßige Überschwemmungen zwangen die karg lebenden Bewohner auf die nur geringfügigen Höhenlagen auszuweichen.

Erst Anfang des 16. Jahrhunderts erkannte Kurfürst Joachim I. (1499 – 1535) die wirtschaftliche und später auch militärische Bedeutung des Stromes. Zur Sicherung und ständigen Passierbarkeit wurde die Oder von Lebus bis Küstrin eingedämmt.

Zum Fiasko kam es durch einen unerklärlichen Entschluß des schwedischen Generals Wrangel im Dreißigjährigen Krieg: Er ließ 1636 bei Reitwein die Dämme durchstechen. Seine Überlegung: Dadurch könnte die Oder wiederum abgeleitet werden, die der Festung Küstrin einen natürlichen Schutz bot. Für das Oderbruch und seine geplagten Bewohner war die künstlich herbeigeführte Überschwemmung eine Katastrophe mit schwerwiegenden Folgen. Es gelang dem Schwedengeneral trotzdem nicht, die militärisch außerordentlich wichtige Festung Küstrin zu nehmen, die ihm wie ein Pfahl im Fleische saß.

Es dauerte wiederum Jahrzehnte, bis sich einer der Landherren wieder an das Oderbruch erinnerte. Es war Friedrich Wilhelm I. (1713 – 1740), der als »Soldatenkönig« bekannt gewordene, despotische Vater des späteren berühmten Preußenkönigs Friedrich des Großen.

Ohne viel Federlesens befahl der König, von Lebus bis Ortwig (später bis Wriezen) neue Dämme entlang des Oderstromes aufzuschütten. Dem

König war klar, daß die Dämme erheblichen Wassermassen standhalten müßten. Er gab deshalb Order: Die Dämme müssen 12 Fuß hoch und ebenfalls 12 Fuß breit im Durchmesser sein.

Das war immerhin eine Höhe von 3,72 m (ein Fuß gleich 0,31 m). Damit auch die Bürokratie zu Ehren kam, hat der König am 30. Dezember 1716 eine Königliche Deichordnung herausgegeben. Ein Deichhauptmann wurde ernannt, der mehrere Deichmeister befehligte. Von diesem Zeitpunkt an wurden die Deiche regelmäßig inspiziert und gegebenenfalls ausgebessert.

Bis 1736 ging alles gut. Aber da kam es wieder zu einer verheerenden Überschwemmung, nachdem bei Großneuendorf der Damm gebrochen war und die Wassermassen alles unter sich begruben. Die Schäden waren gewaltig. Dem König war klar, daß Entscheidendes geschehen mußte. Er zog den Kriegsrat und erfahrenen Wasserbauer Simon Leonhard von Haerlem zu Rate.

Das Gutachten des Fachmannes (»...daß es allerdings geschehen könne; daß die Arbeit aber schwierig, weit aussehend und kostspielig sei...«) ließ den Soldatenkönig resignieren: »Ich bin zu alt und will es meinem Sohn überlassen.« Es kam zunächst nicht dazu.

1730, Kronprinz Friedrich war gerade 18, geschah Unerhörtes im preußischen Königshaus: Gemeinsam mit seinem Freund Hans-Hermann Katte, 26 Jahre alt und Leutnant im preußischen Kürassierregiment 10 »Gens d'armes«, unternahm der Kronprinz einen waghalsigen Fluchtversuch vor der Despotie und Überstrenge des ungeduldigen Vaters. Das Fluchtunternehmen wurde verraten – beide wurden festgenommen. Für die damalige Zeit nahezu unfaßbar, trugen der Kronprinz und der verdiente Leutnant eines Eliteregiments bei ihrer Festnahme Zivilkleider. Sie hatten ihre Fluchtpferde schon bestiegen. Doch ihr Ziel, über Holland nach England zu kommen, scheiterte schon im Ansatz.

Gnadenlos überließ der Vater seinen Sohn dem Kriegsgericht, das im Wappensaal des Köpenicker Schlosses tagte. Während Leutnant Katte zum Tode durch Enthaupten (für einen Offizier eine unehrenhafte Tötungsart) verurteilt wurde, überließ das Kriegsgericht den Kronprinzen der Gnade des Königs. Friedrich Wilhelm I. entschloß sich, nachdem sein erster Zorn verraucht war, seinen Sohn nicht aufs Schafott zu schicken.

Der Kronprinz dankte es dem Vater, indem er um Gnade bat und sich von nun an dem Willen des Vaters beugte. Dafür wurde er mit der Führung königlicher Domänen und der Lenkung des Finanzwesens betraut. So kam er auch in das Oderbruch und erkannte ebenfalls das Problem: Die Oder muß endlich umgeleitet und begradigt werden.

Sofort nach seinem Regierungsantritt im Jahre 1740 unternahm Friedrich II. aber ganz andere Unternehmungen: Kaum auf dem preußischen Thron, führte er zwei fürchterliche Schlachten gegen Österreich im 1. Schlesischen Krieg.

Erst 1747 widmete sich der König dem Problem des Oderbruchs. Wie zu erwarten, ging er auch dieses Problem militärisch an: Er bildete eine Kommission mit Oberst W. F. von Retzow, Chef des Infanterieregiments Nr. 6 »Grenadier-Garde«, dem Ingenieur-Kapitän Petri und dem bereits

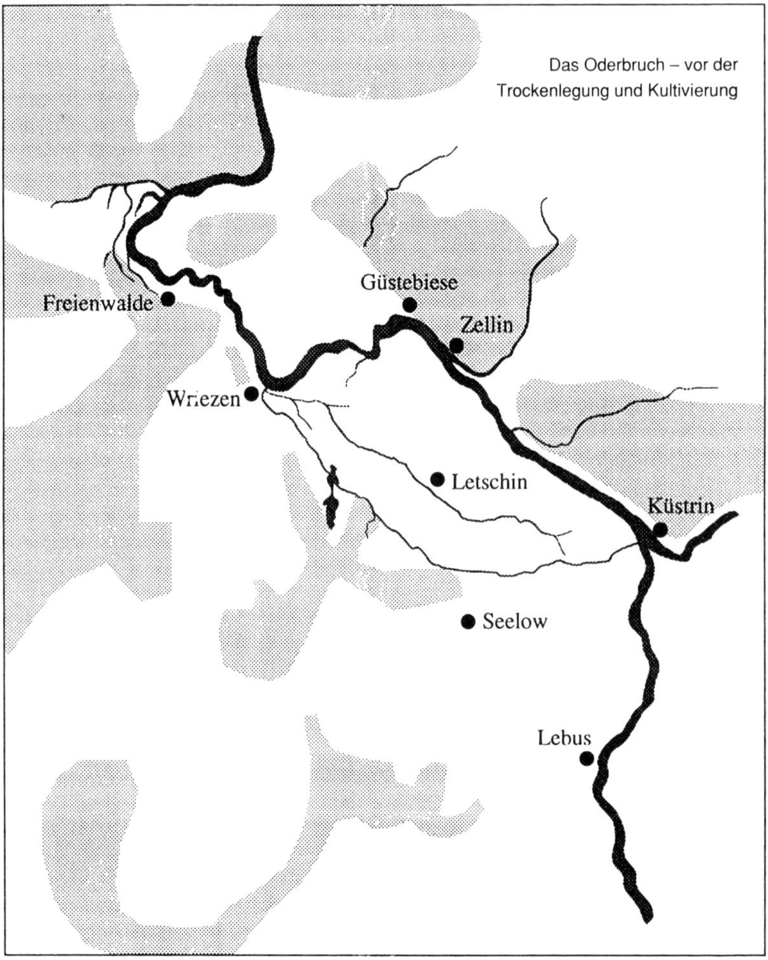

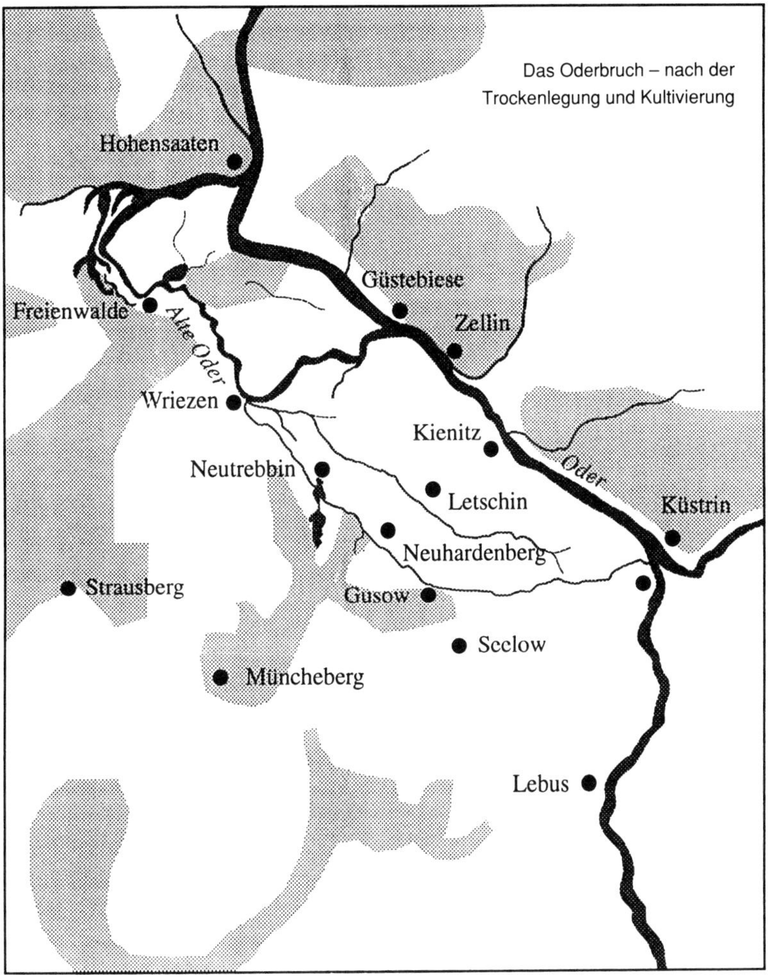

Das Oderbruch – nach der Trockenlegung und Kultivierung

erwähnten Kriegsrat und Wasserbauer Simon Leonhard von Haerlem. Einzige Aufgabe: Begradigung der Oder, Beseitigung der Überschwemmungsgefahr.

Jetzt ging alles rasch: Das Oderbruch wurde vermessen, Haerlem unterbreitete erneut seine bereits dem Soldatenkönig gemachten Vorschläge. Der Mathematiker Leonhardt Euler, Mitglied der Akademie der Wissenschaften, segnete nach einer gründlichen Ortsbegehung das Projekt ab. Am 9. Juli 1747 war die exakte Planung abgeschlossen. Noch im gleichen Jahr begannen die Ausschachtungen des Durchstichs an der flachsten Stelle nordöstlich der Ortschaft Neuenhagen.

Über eine Million Kubikmeter Erdreich mußte bewegt werden. Dazu gab es nur Hacke und Schaufel, Schubkarre und Pferdefuhrwerk. 10 Meter tief wurde der Graben ausgehoben, der 120 Meter breit und über 1,5 Kilometer lang war. Das Erdreich, kaum ausgehoben, wurde sofort zu Dämmen aufgeschüttet.

Wie es immer bei wichtigen Neuerungen ist: Es gab Nörgler und Besserwisser. Markgraf Karl von Brandenburg-Schwedt und der Herrenmeister des Johanniterordens protestierten. Kanal und Dämme würden große Verluste an Bodenfläche bedeuten. Die Einheimischen, die von alters her vom Fischfang lebten, waren von Anfang an dagegen. Sie fürchteten Einbußen beim Fischfang. Es gab Streit und Sabotage. Nachts durchstachen Unbekannte die gerade aufgeschütteten Dämme.

1750 drohte das Projekt zu scheitern: Krankheiten grassierten, immer weniger Erdarbeiter kamen auf die Baustelle. Es fehlte an Stützholz und Transportmitteln. Die Fischer lehnten es ab, ihre Kähne zur Verfügung zu stellen.

Zu allem Übel kam es im Winter 1750/51 wiederum zu Dammbrüchen und Überschwemmungen. Schließlich wurde Militär eingesetzt. Doch die stolzen Grenadiere weigerten sich, für diese »Drecksarbeit« auch noch Akkord zu leisten. Es war wie eine Erlösung, als der Kanal – allen Widrigkeiten zum Trotz – am 2. Juli 1753 eröffnet wurde. Er hatte eine Länge von 20,3 Kilometern, was das Flußbett gegenüber der alten Oder um 25 Kilometer verkürzte, war rund 30 Meter breit und 10 Meter tief. Der Wasserstand lag bei rund 2 Meter.

Das Ergebnis der Pioniertat des Preußenkönigs:

32 500 Hektar fruchtbares Ackerland wurden als Neuland gewonnen.

Die Kosten waren vergleichsweise gering: 600 000 preußische Taler. Der Siebenjährige Krieg kostete fast 140 Millionen Taler.

1753 begannen die Rodungen und die Gründung neuer Dörfer – insgesamt 30 neue Bauerndörfer. Wieder einmal machte sich die Sparsamkeit Friedrichs des Großen bemerkbar. In einer Anweisung formulierte er: »Paleste seindt nicht zu bauen, sondern Schaaf Ställe und Wirtschaftsgebäude.« Aber auch für Disziplin wurde gleich gesorgt. In einem Edict vom 28. Juni 1754 ließ der König wissen: »Daß derjenige so Dämme durchsticht oder der Umwallung bei der Oder schadet, auf zehen Jahre zur Karre in eine Vestung gebracht, oder befundenen Umständen nach, gar am Leben gestraffet werden soll.«

Preußen war damals das am dünnsten besiedelte Land Europas. Das neu gewonnene Land mußte an noch anzuwerbende Kolonisten vergeben werden. Pfälzer, Schwaben, Böhmen, Franken, Westfalen, Mecklenburger, Württemberger, Österreicher und Polen kamen – durch Vergünstigungen angelockt. Allen versprach Friedrich der Große Religionsfreiheit und Schutz vor der Leibeigenschaft.

Nachdem am 14. Oktober 1806 die preußische Armee von Napoleons Truppen bei Jena und Auerstedt vernichtend geschlagen worden war, kamen wieder schwere Zeiten für die Bewohner des Oderbruches.

Preußen wurde bis zur russischen Grenze besetzt.

Besonders hart wurde es, als der Franzosenkaiser 1812 den Feldzug nach Rußland unternahm. Ein großer Teil der Grande Armée überquerte die Oder bei Küstrin. Für die Versorgung der Truppe mußte die Dorfbevölkerung herhalten.

Ein Chronist berichtet:

»Im Anfang des Jahres 1813 kamen die in Rußland von Gott aufs Haupt geschlagenen und gedemütigten Franzosen einzeln und scharenweise gezogen, und mit der Zeit kamen Kosaken hinter ihnen her. Da Küstrin noch in den Händen der Franzosen war, so nahmen die Russen ihren Marsch über Zellin und später über Güstebiese, wo eine Brücke geschlagen und Brückenköpfe angelegt wurden, und die Militärstraße ging über Neulewin oder nahe an Neulewin auf dem Damme, und es gab Tage, wo ein Wirt hier 50 – 60 Mann und darüber im Quartier hatte. Doch alle übernahmen die Last mit Freuden, denn alle sahen in den Russen ihre Erretter, und ahnten eine baldige Befreiung vom französischen Joche.«

Anfang April 1813 läuteten die Kirchenglocken Sturm – es verbreitete sich die Schreckensnachricht: Die Franzosen kommen aus Richtung Freienwalde.

Die Dorfbewohner versammelten sich auf den Dorfplätzen und setzten sich in Marsch »mit ihren Schulzen an der Spitze, sämtlich mit Sensen auf langen Stangen, Heugabeln, Mistforken und Sicheln bewaffnet, in Richtung der Stadt. Dieses erste Banner des neu zu errichtenden Landsturms wurde in Freienwalde freundlich aufgenommen und durch die Bürgergarde, die Wache, angesehene Bürger, welchen sich auch der russische Kommandant anschloß, durch die Stadt geführt. Ein ganz eigenes Gefühl bemeisterte sich einem jedem beim Anblick dieser neuen notwendigen Verteidigungs-Maßregel«.

Ein Gefecht blieb dem Landsturm erspart. Die Franzosen hatten einen anderen Weg gewählt. Alle zogen wieder nach Hause.

Wenig später wurden Landwehr und Landsturm aufgeboten. Zahlreiche Siedler, woher sie auch immer gekommen waren, meldeten sich freiwillig zu den Waffen. Die Lebuser Landwehr marschierte bei den anschließenden Kämpfen bis nach Paris. Von den 74 Neutrebbiner Landwehrmännern starben 10 den Soldatentod.

Im Januar 1945, kurz vor der deutschen Niederlage im Zweiten Weltkrieg, zogen Tausende von Flüchtlingen durch das Oderbruch – Richtung Westen. Ende Januar hatte die Front die Oder erreicht, am 31. Januar 1945 überquerten Soldaten der Roten Armee die Oder und bildeten Brückenköpfe bei Kienitz und Lebus. Hier tobte eine vernichtende Materialschlacht, die mit der Erstürmung der Seelower Höhen ihren Höhepunkt fand.

Aus dem Gefechtsbericht des Kommandeurs der Panzerzüge beim Oberkommando der Heeresgruppe »Weichsel« im Februar 1945:

»Verschuß insgesamt:

500	Schuß	10-cm-Sprenggranaten
360	Schuß	7,62-cm-Sprenggranatenpatronen
56	Schuß	10,5-cm-Feldhaubitzgranaten
51	Schuß	7,5-cm-Sprengpatronen
1250	Schuß	2-cm-Brisanzsprengpatronen
490	Schuß	2-cm-Panzergranatpatronen.«

Sowjet-Marschall G. K. Shukow schrieb in seinen »Erinnerungen und Gedanken«:

> »Am ersten Tag hatten wir allein für die Artillerie 1 197 000 Schuß geplant, tatsächlich schossen wir 1 236 000. Wir verbrauchten 2 450 Güterwagen Geschosse, das heißt, etwa 98 000 Tonnen Metall gingen auf die Gegner nieder.«

Der Zerstörungsgrad war entsprechend:

40 Gemeinden des Oderbruchs waren zwischen 60 und 100 Prozent zerstört, 40 Dörfer bis zu 60 Prozent.

Neutrebbin hatte nur geringe Kriegsschäden aufzuweisen. Es war dann ausgerechnet dieser fast unzerstörte Ort, der 1947 bei einem vernichtenden Hochwasser nahezu völlig überflutet wurde. 2 200 Einwohner wurden von den Wassermassen eingeschlossen und mußten evakuiert werden. Das reißende Wasser war vier Meter über normal.

Jede Frau und jeder Mann, jedes Mädchen und jeder Junge im Oderbruch kennt die Tücken der Oder: Reißender Flußlauf und Überschwemmungen passierten immer wieder.

Was aber im Sommer 1997 geschah, hat niemand ahnen können. Lange Regengüsse auf dem Gebiet des Oderbruchs, des angrenzenden Polen und des benachbarten Tschechien ließen alle Nebenflüsse der Oder gewaltig anschwellen. Der Wasserstand der Oder stieg über sechs Meter an. Meteorologen sprechen von einer selten auftretenden Wetterlage, Beobachter sprechen längst von der »Jahrhundertflut«.

Es kam zur Katastrophe.

In Polen und Tschechien finden mehr als 100 Menschen den nassen Tod.

In Brandenburg bangen mehr als 20 000 Menschen um ihr Hab und Gut, ja um ihr Leben.

Tausende von freiwilligen Helfern nehmen den dramatischen Kampf auf, um die Deiche zu retten, oder da, wo sie gerissen sind, wieder zu schließen. Die Bundeswehr absolviert den größten Einsatz ihrer Geschichte und erntet Dank und hohe Anerkennung der Bevölkerung.

Erst Anfang August sinkt der Pegel von Deutschlands Schicksalsstrom. Rund 15 000 Bundeswehrsoldaten waren im Katastropheneinsatz. Fahrzeuge in unübersehbarer Zahl brachten sie aus mehreren Teilen Deutschlands, im Laufschritt ging es zum Einsatzort.

600 freiwillige Feuerwehrmänner waren eingesetzt und 1 450 Polizisten, männliche und weibliche. Mit je 1 400 Mann waren Bundesgrenzschutz und Technischer Hilfsdienst zur Stelle, auch hier viele Frauen darunter. Über 1000 freiwillige Helfer, davon viele Urlauber aus anderen deutschen Ländern, halfen mit.

Jeden Tag wurden rund 15 Tonnen Lebensmittel ausgegeben. Oderbruch-Bewohner brachten Getränke und selbstgebackenen Kuchen.

Gewaltig war auch der Materialeinsatz: 65 Hubschrauber der Bundeswehr, 2 000 Lastwagen, 75 Schlauchboote, 25 Kräne, 100 Sanitätsfahrzeuge der Bundeswehr und der Hilfsdienste.

136 000 Tonnen Sand wurden in 7 Millionen Sandsäcke abgefüllt, um zum Schließen von aufgerissenen Deichlücken eingesetzt zu werden.

23 Ortschaften wurden evakuiert, 4000 Menschen waren zeitweise ohne Obdach. Schon Tage später konnten die Bewohner zurückkehren. Fast alle werden an ihrem angestammten Sitz verbleiben. Und in den Kneipen reden die Männer: Wann wird sie kommen? Wann kommt die nächste Flut?

Die Stadt Seelow

Nach einer guten Autostunde erreicht der aus Berlin kommende Tourist die Stadt Seelow. Kurz vor dem Ortseingang taucht zur Rechten ein buckliger Grenzstein, zur Linken ein Postmeilenstein, schwarz, von 2,81 m Höhe, auf. Seelow liegt an der alten Poststraße, die Kurfürst Friedrich Wilhelm von Brandenburg (»Der große Kurfürst«) noch in der Endphase des Dreißigjährigen Krieges (1618 bis 1648) errichten ließ.

Die Postmeilensteine markierten die damals wichtige Postlinie von Cleve am Niederrhein (es gehörte seit 1614 zum Kurfürstentum Brandenburg) über Magdeburg und Berlin, durch das Lebuser Land über die spätere Festungsstadt Küstrin nach Königsberg in Preußen, das damals noch Herzogtum war. Das spätere Ostpreußen wurde 1618 zu Beginn des Dreißigjährigen Krieges mit dem Kurfürstentum Brandenburg vereinigt.

Der leicht beschädigte Postmeilenstein am westlichen Ortseingang der Stadt Seelow ist der einzig erhalten gebliebene von der gesamten Wegstrecke von Cleve bis Ostpreußen.

Überall in der Umgebung – in Kietz, Manschnow, Alt Tucheband, Diedersdorf, Worin und Jahnsfelde – befinden sich noch immer – wenn auch inzwischen stark beschädigt – kleinere Postmeilensteine am alten Standort. Sie sind teils als Viertel- oder Halb-Meilensteine markiert und bestehen aus Sandstein. Markant sind die vertiefte vierblättrige Relief-Rosette und die Wegmarkierung. Die Steine sind zwischen 92 Zentimeter und 1,22 Meter hoch, glockenförmig und haben einen elliptischen Querschnitt.

Die Stadt Seelow ist übersichtlich gegliedert. Die äußerst wenigen älteren Häuser und die in öder Plattenbauweise errichteten Neubauten gruppieren sich um die Kreuzung zweier Hauptstraßen: Die Bundesstraße 1 in West-Ost-Richtung und die Bundesstraße 167 in Richtung Nord-Süd. Der Autotourist fährt über die Diedersdorfer Straße in Seelow ein, die in Höhe des Gemeindefriedhofes am Görlsdorfer Weg in die Berliner Straße übergeht (siehe Skizze auf den Seiten 68/69).

Auf dem Gemeindefriedhof befinden sich zahlreiche, bescheiden gestaltete Grabstätten gefallener deutscher Soldaten.

An der links und rechts abgehenden Bundesstraße 167 (links in Richtung Norden Ernst-Thälmann-Str., rechts über Puschkinplatz in die Frankfurter Allee übergehend) liegt der eigentliche Schwerpunkt der Ortschaft. Dem Besucher fällt sofort auf, daß es im Zentrum noch immer viel unbebautes Gelände gibt – Folge der Zerstörungen während der Kämpfe um die Seelower Höhen. Seelow wurde damals zu 40 Prozent zerstört.

Wie bereits berichtet, begann vor den Toren der Stadt die letzte Offensive der Roten Armee vor der Eroberung Berlins mit einem Feuerschlag aus 40 000 Geschützen, Granatwerfern und Raketenwerfern, der die ganze Oderniederung taghell erleuchtete.

Das grelle Licht von 143 Scheinwerfern erhellte gespenstisch die menschenleeren Straßen, beleuchtete Propagandalosungen an Scheunenwänden wie »Die dunkelste Stunde ist die Stunde vor Sonnenaufgang« und »Schützt unsere Frauen und Kinder vor den Roten Bestien«.

Die flachen Talhänge der Seelower Höhen vor den Toren der Stadt waren für die Sowjetarmee das letzte natürliche Hindernis vor der deutschen Reichshauptstadt.

Der Puschkinplatz im Ortszentrum grenzt unmittelbar an den Kirchplatz, auf dem Dienstag und Freitag Markt abgehalten wird. Auch hier gibt es die bekannten Spreewälder Gurken, sauer oder gewürzt. Das Obst- und Gemüseangebot ist reichlich und preiswert.

Auf dem Puschkinplatz steht auch die Stadtkirche – das einzige, bemerkenswerte Bauwerk der Stadt. Sie wurde nach Entwürfen unter maßgeblicher Beteiligung des jungen preußischen Baumeisters Karl Friedrich Schinkel an der Stelle eines durch Schadensfeuer vernichteten Baus in den Jahren von 1830 bis 1832 errichtet. Heute steht nur noch das Kirchenschiff mit der halbrunden, nach Osten gerichteten Apsis. Der auf quadratischer Grundfläche am westlichen Ende des Sakralbaus stehende Turm mit dem schwarzen Uhrenzifferblatt und dem hohen Spitzdach wurde 1945 beim Herannahen der Roten Armee von deutschen Truppen gesprengt. Der hochaufragende Kirchturm sollte für die feindliche Artillerie kein Orientierungsziel bieten. Bei der Sprengung wurde auch das Kirchendach schwer beschädigt.

Nach Kriegsende beschlossen die Seelower Stadtväter erst 1956, lediglich das Kirchenschiff wieder herzustellen und die Kirche zu sanieren. Auf den Wiederaufbau des markanten Turmes mußte verzichtet werden. Es war kein Geld vorhanden.

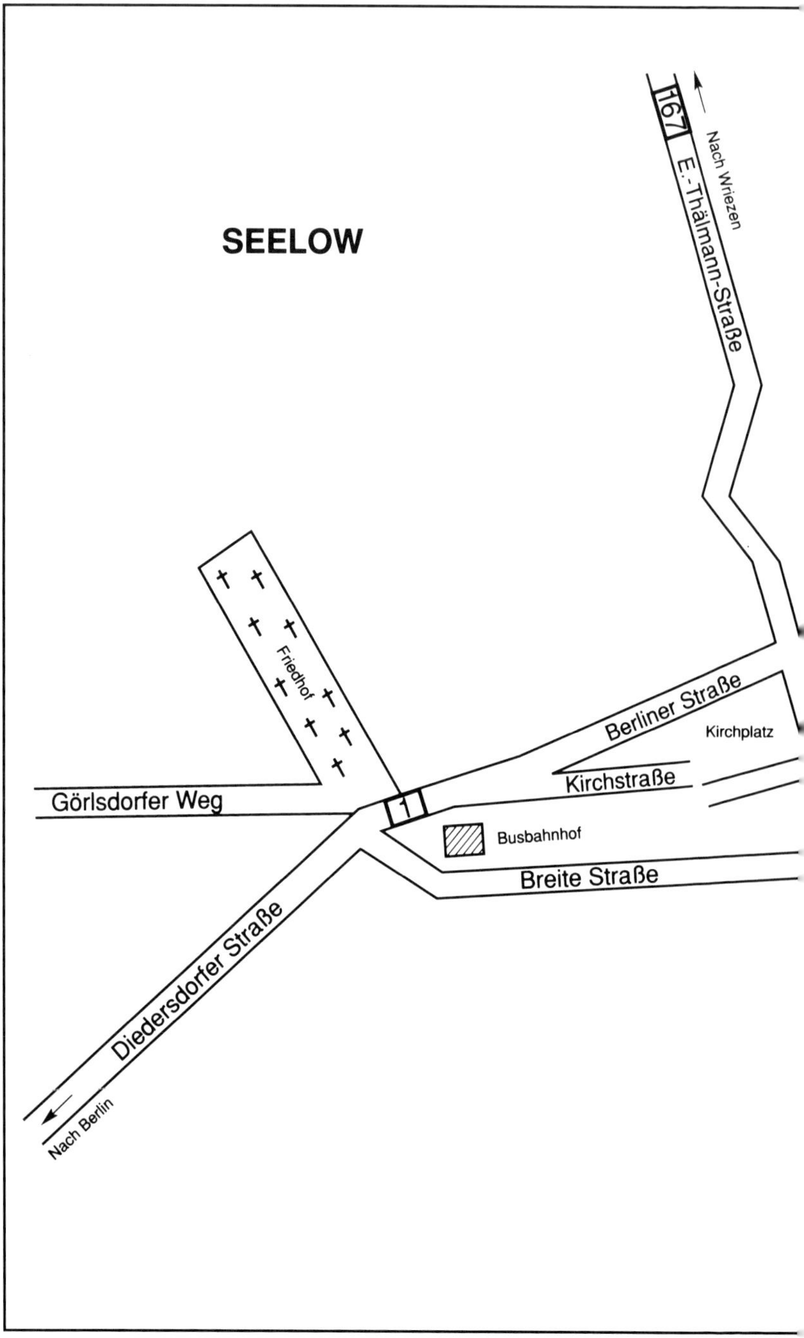
SEELOW
167
E.-Thälmann-Straße
Nach Wriezen
Friedhof
Berliner Straße
Kirchplatz
Kirchstraße
Görlsdorfer Weg
1
Busbahnhof
Breite Straße
Diedersdorfer Straße
Nach Berlin

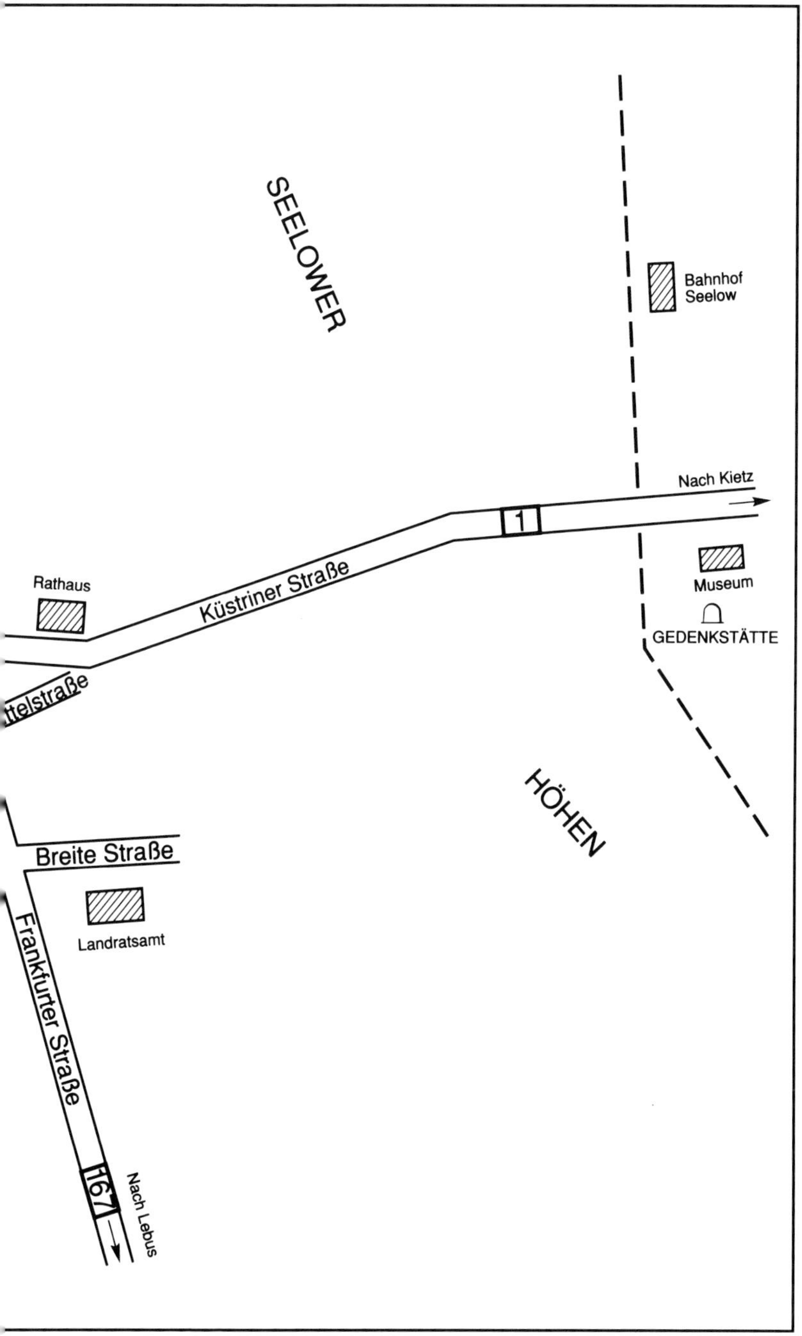
SEELOWER
HÖHEN
Bahnhof Seelow
Nach Kietz
1
Rathaus
Küstriner Straße
Museum
GEDENKSTÄTTE
Breite Straße
Landratsamt
Frankfurter Straße
167
Nach Lebus

Die Ostseite der Kirche weist eine schöne, klassizistische Gliederung der Apsis auf. Auf hohem Sockel sind rechteckige Fenster gestaltet, die sich mit pilasterartigen Mauerstreifen abwechseln. Rechts und links der Apsis wölben sich halbrund die Treppenaufgänge.

In Sichtweite der Kirche, links von der B 1, liegt das schon restaurierte Rathaus, ein zweigeschossiger verputzter Bau mit einem Mittelrisalit. Das Gebäude wurde 1847 nach Plänen des Seelower Maurermeisters Aßmy errichtet.

Gleich neben den Überresten der Kirche von Alt Tucheband schlug eine sowjetische Panzergranate in diesen Baumstamm

Rechts die Überbleibsel der Kirche von Alt Tucheband. Links das beschädigte Denkmal für die im Ersten Weltkrieg gefallenen Soldaten des Ortes

Das sowjetische Ehrenmal in Reitwein für 3 000 gefallene Soldaten der Roten Armee

Der Soldatenfriedhof von Lietzen

Das Ehrenmal für die deutschen Kriegstoten aus dem Jahre 1945

Das Grab von Sanitätsfeldwebel Herbert Jahn ist gepflegt und im Gegensatz zu anderen Gräbern des Lietzener Friedfhofs mit einem Kreuz versehen

Kränze und Schleifen zum Gedenken an die Gefallenen der Kämpfe vom Frühjahr 1945

Grabanlage gefallener sowjetischer Soldaten innerhalb der Gedenkstätte »Seelower Höhen«

Vor dem Museum sind damals gebräuchliche sowjetische Waffen aufgestellt

Der mittlere Panzer T 34/85 hat eine Gefechtsmasse von 32 Tonnen. Die Besatzung bestand aus 5 Mann, die auf engstem Raum zusammensaßen. Dieser Panzertyp ist mit einer 85-Millimeter-Kampfwagenkanone und zwei Maschinengewehren (Kaliber 7,62 Millimeter) ausgerüstet. Die Panzerung an den Schrägflächen ist 20 bis 90 Millimeter stark, die Höchstgeschwindigkeit lag bei 55 Kilometern in der Stunde, der Fahrbereich zwischen 230 und 300 Kilometern

Blick auf im Museum Seelower Höhen befindliche Schaukästen mit Erde und Fundstücken vom Schlachtfeld

Waffen, Ausrüstungsgegenstände, Orden deutscher und russischer Kriegsopfer um die Seelower Höhen

Die Heimatgeschichte der Stadt Seelow

Seelow war ursprünglich im 10. Jahrhundert eine slawische Siedlung. Das vermuten die Heimatforscher. 1252 wird Seelow erstmals in einem Schriftstück des Erzbischofs Wilbrand von Magdeburg erwähnt. Damals war die Schreibweise noch »Zelou«.

1273 wird »Zelou« bereits als Stadt bezeichnet, die an der wichtigen Kreuzung der alten Handelsstraßen von Ost nach West und von Nord nach Süd – Stettin-Seelow-Frankfurt – liegt. Seelow war nie wehrfähig ausgebaut wie andere Orte der Gegend. Eine solide Stadtmauer mit Wehrtürmen hat es nie gegeben.

1278 wurde für Seelow die Bezeichnung Oppidum gebraucht, was soviel wie kleine Stadt oder Marktflecken bedeutet. Der vollständige Name lautete damals: Oppidum nostrum Selowe. Der Ort im Bistum Lebus war Besitz des Bischofs.

1555 wird Seelow Medialsstadt des Markgrafen von Magdeburg.
1608 wird die Zivilgerichtsbarkeit eingeführt.

Im Dreißigjährigen Krieg wird Seelow 1630 durch Brandschatzung fast völlig zerstört.

Friedrich Wilhelm, der Große Kurfürst, richtete 1646 die Reitpost-Route zwischen Cleve im Rheinland und Königsberg in Ostpreußen ein. Der durch Postmeilensteine markierte Weg führte durch Seelow. Aber diese Neuerung brachte keinen wirtschaftlichen Nutzen.

Katastrophen verunsicherten die Bewohner. Durch riesige Flächenbrände wurde die Stadt Seelow gleich zweimal völlig vernichtet: 1788 und 1801. Im Krieg Napoleons gegen Preußen eilten 1813 viele Seelower zu den Waffen, als die Freiwillige Lebuser Landwehr aufgestellt wurde. Die Männer mit dem Kreuz auf dem Tschako standen unter der Führung von General Friedrich August Ludwig von der Marwitz aus Friedersdorf.

1859 wanderten aus wirtschaftlicher Not fast 1,5 Millionen Deutsche nach Amerika aus. Viele Seelower waren darunter. Der wohl berühmteste von ihnen ist sicherlich der Fuhrmann Heinrich Bierbaum aus Seelow.

Er wurde, kaum in Amerika angekommen, Soldat im jahrelangen Bürgerkrieg zwischen den Nord- und den Südstaaten, in dem es vorrangig um die Abschaffung der Sklaverei ging.

In einem Gewaltritt von acht Tagen brachte der Neu-Amerikaner Lincolns Botschaft von der Sklavenbefreiung von Philadelphia an die Pazifische Küste.

Die Amerikaner haben ihm das nie vergessen: Noch heute reitet ein Schauspieler als »Uncle HEN from Seelow« in historischer Uniform bei der alljährlichen Militärparade zum Nationalfeiertag der Vereinigten Staaten von Amerika am 4. Juli mit.

Die wirtschaftliche Entwicklung Deutschlands zwischen 1800 und 1900 blieb auf Seelow ohne Auswirkung. Weder der Bau der Eisenbahn Berlin – Küstrin (1865 bis 1867) noch von Stettin nach Frankfurt an der Oder trugen zur wirtschaftlichen Entwicklung bei. Seelow blieb eine Stadt des Kleingewerbes in einem riesigen, landwirtschaftlichen Nutzgebiet.

Die Einwohnerzahl hat sich nur unwesentlich verändert:

1864: 3 300 Einwohner
1965: 4 500 Einwohner

Erst bis 1987 stieg die Einwohnerzahl auf 5 628.

Übernachtungsmöglichkeiten in Seelow und Umgebung

Hotel »Brandenburger Hof« Berliner Straße 1 15306 Seelow Tel. 0 33 46/8 89 40 Fax. 0 33 46/88942	BAD/DU/WC/TV/Radio/Tel. 40 Zimmer, 70 Betten Einzelzimmer: 90,00 – 120,00 DM Zweibettzimmer: 140,00–160,00 DM Doppelzimmer: 160,00 DM (mit Frühstück) Restaurant / Café Sauna/Solarium/Fitneßcenter
»Waldhotel« Waldsiedlung 15306 Seelow Tel. 0 33 46/88 88 34 Fax. 0 33 46/8 88 85	Einzelzimmer: ab 80,00 DM Zweibettzimmer: ab 110,00 DM (mit Frühstück)
Gaststätte »Zur Linde« Hauptstraße 34 15306 Platkow Tel. 0 33 46 / 81 18	BAD/DU/WC (separat) 3 Zimmer 30,00 DM (mit Frühstück) Garten/Fitneßraum/Billard Badegewässer i. d. Nähe

Motel »Derfflinger« Hauptstraße 33 a 15306 Gusow Tel. 0 33 46/ 233	DU/WC 59 Zimmer, 112 Betten 1/1 53,00 DM 1/2 86,00 DM mit Frühst./Restaurant a. Ort
Waldhotel Diedersdorf Waldsiedlung 15306 Diedersdorf Tel. 0 33 46/8 88 83 Fax. 0 33 46/8 88 85	DU/WC 41 Zimmer, 76 Betten/55,00 DM p. P. 6 Appartements, 75,00 DM p. P. (mit Frühst.) TV/SAT/Radio Konferenzraum, Sauna, Klubhaus mit Disco

Gaststätten in Seelow und Umgebung

Gaststätte »Zur Linde« Hauptstraße 34 15306 Platkow Tel. 0 33 46 / 81 18	tägl. geöffnet
Gaststätte »Am Bahnhof« 15306 Seelow Tel. 0 33 46 / 8 08 45	Mo. geschlossen
»Bierstube« Kurze Straße 4 15306 Seelow Tel. 0 33 46 / 5 33	tägl. geöffnet
»Am Findling« Kurze Straße 4 15306 Seelow Tel. 0 33 46 / 5 33	tägl. geöffnet
»Stadtcafé« Puschkinplatz 18 15306 Seelow Tel. 0 33 46 / 216	Mo. geschlossen

Adressen:

Gedenkstätte »Seelower Höhen«
Küstriner Straße 28 a
15306 Seelow
Tel. 0 33 46/5 97

Öffnungszeiten: Dienstag bis Sonntag 9.00 – 16.00 Uhr
Eintritt 2,– DM

Tour 1: Nach Gusow und Neuhardenberg

Man verläßt Seelow über die Bundesstraße 167 in nördlicher Richtung. Schon nach 5,5 Kilometern Autofahrt ist das erste Etappenziel erreicht: die Ortschaft Gusow.

Gusow war, genau wie Seelow und Neuhardenberg, bei den schweren Kämpfen um die Seelower Höhen zur Rundumverteidigung eingerichtet, die Front nach Osten verlief genau an der Ostseite der Ortschaft.

Die Geschichte des Ortes reicht weit ins Mittelalter. Schon 1405 als »Guza« erstmals schriftlich erwähnt und belegt, hieß der Ort 55 Jahre später »Guse« und wurde schließlich im Dreißigjährigen Krieg mit der Bezeichnung »Güese« belegt.

Die Lehnsherren wechselten: So war es bis 1538 der Markgraf, später der Kurfürst. Danach war 50 Jahre lang der Bischof von Lebus oberster Landesherr. Nach 1598 war es wiederum der Kurfürst, danach der König. Sehenswert ist das von einem Wassergraben umgebene Schloß. Das Bauwerk geht in Teilen auf das 17. Jahrhundert zurück. Nach 1870 wurde die Schloßanlage umgebaut, erhielt einen Haupttrakt mit von Staffelgiebeln gedeckten Risaliten und zwei rechtwinklig angesetzten Anbauten. An der Nordostecke befindet sich der rechteckige Uhrenturm, die Enden der Seitenflügel sind durch Rundtürme abgeschlossen. Die Schornsteinköpfe sind mit reichen Ornamenten versehen.

Von 1648 bis 1695 lebte in Gusow eine bedeutende historische Persönlichkeit: Der brandenburgische Generalfeldmarschall Georg Freiherr von Derfflinger. Dieser stammte aus einem wohlhabenden Bauerngeschlecht im heutigen Oberösterreich (Neuhofen an der Krems). Zunächst verdingte sich der ehrgeizige Außenseiter der bodenständigen Familie bei Graf Mathias Thurn, wo es ihn aber nicht lange hielt.

1632 ging er wie viele Edelleute nach Schweden, wurde dort schon fünf Jahre später zum Oberst befördert.

1648 – mit dem Ende des Dreißigjährigen Krieges – verließ er die schwedischen Dienste, nachdem er zwei Jahre zuvor eine kurmärkische Adlige geheiratet hatte.

Er trat in die Dienste Friedrich Wilhelms, des »Großen Kurfürsten« (1640–1688), der ihn zum Generalfeldzeugmeister der neuen brandenburgischen Armee machte. Derfflinger erzog das Offizierkorps zur absoluten Treue gegenüber dem Kurfürsten und entwickelte den Angriffsgeist in der Armee, vor allem der Kavallerie. Derfflinger gilt als Schöpfer der Dragoner, die im Gefecht auf schnellen Pferden gegen den Feind stürmten, dort blitzschnell absaßen und das Gefecht mit Gewehr und Bajonett zu Fuß aufnahmen. Alle Armeen der europäischen Staaten gründeten nach diesem Vorbild derartige Dragonereinheiten.

Derfflingers größte militärische Erfolge: 1675 die Befreiung Rathenows von den Schweden, die Teilnahme am Sieg der Brandenburgischen Armee über Schweden bei Fehrbellin am 18. Juni 1675, die Leitung der Belagerung von Stettin 1677, die Eroberung Stralsunds 1678 und die endgültige Vertreibung der Schweden durch den Sieg in der Schlacht bei Tilsit 1679.

Derfflinger starb am 14. Februar 1695 auf seinem Anwesen in Gusow. Ein Schüler von Preußens Baumeister Andreas Schlüter schuf im Auftrage des Kurfürsten ein Grabmal (Epitaph), das an der Außenwand der Kirche angebracht wurde.

Nach Zerstörung der Dorfkirche 1945 wurde das Epitaph, aus Sandstein bestehend, aus der Ruine geborgen.

1975 wurde es als Leihgabe an die Komtureikirche Lietzen übergeben und dort angebracht. Leider ist die kleine Alabasterbüste Derfflingers, die dazugehörte, seit 1945 verschwunden.

Sehenswert in Gusow ist auch das Pumpenhaus, ein Bau wie ein Pavillon, mit hölzernem Säuleneingang und geschwungenem Dach aus dem Ende des 19. Jahrhunderts. Es wurde neben einem artesischen Brunnen, der durch eigenen Druck das stark eisenhaltige Wasser an die Erdoberfläche brachte, gebaut. Der natürliche Druck war so stark, daß das Wasser ohne Pumpenanlage das ganze Schloß versorgen konnte.

An das Schloß schließt sich eine Parkanlage von Otto Christoph von Podewills (1719-1781) an, der sie in der zweiten Hälfte des 18. Jahrhunderts nach französischem Vorbild schuf. Lange galt der Park mit seinen geradlinig angelegten Wegen und seinen 150 verschiedenen Gehölzen als einer der schönsten in Preußen. Anfang des 19. Jahrhunderts ist er dann durch zusätzliche Bepflanzung zu einem englischen Landschaftspark umgestaltet worden.

Derfflingers Wohnsitz im englischen Landhausstil ging 1870 an das Adelsgeschlecht von Schönburg.

Übernachtungsmöglichkeit in Gusow:

Motel »Derfflinger«	59 Zimmer mit Dusche und WC
Hauptstraße 33 a	1/1 53,– DM
15306 Gusow	1/2 86,– DM
Telefon 0 33 46/2 33	(incl. Frühstück)
Restaurant und Parkplatz	

Gusow liegt etwa auf halben Wege nach Neuhardenberg an der Bundesstraße 167. Der Weg führt über die Ortschaft Platkow.

Neuhardenberg (3 200 Einwohner) ist eine Ortschaft, die zum Verweilen einlädt. Bei den Kampfhandlungen im April 1945 war das wegen seiner Schloßanlage berühmte Dorf von den deutschen Truppen zur Rundumverteidigung eingerichtet worden. Heute sind die Kriegsschäden beseitigt und überwunden.

Schon mit seinem Ortsnamen hat Neuhardenberg eine wechselvolle Vergangenheit: 1348 erstmalig als Quilitz erwähnt, wurde es nach den Napoleonischen Befreiungskriegen 1813-1815 in Neu Hardenberg umbenannt. Die Erinnerung an den preußischen Staatskanzler, Fürst Hardenberg, paßte den Machthabern in der früheren DDR nicht in ihr Geschichtskonzept. Sie benannten das zahlreiche von Schinkel geschaffene Häuser beherbergende Dorf 1949 kurzerhand in »Marxwalde« um. Unmittelbar nach der Wiedervereinigung Deutschlands gaben jedoch die Gemeindeväter ihrer Ortschaft den alten Namen wieder zurück: Neuhardenberg.

Ereignisreich ist die Geschichte des Ortes. Während der Schlesischen Kriege Friedrichs des Großen vollzog der preußische Rittmeister Joachim Bernhard von Prittwitz einen viel beachteten Husarenstreich: Mit wenigen seiner Reiter rettete er mit gezücktem Säbel den König vor der drohenden Gefangenschaft. Das war am 12. August 1759 in der Schlacht bei Kunersdorf, wenige Kilometer östlich an der Oder gelegen.

Dank und Anerkennung waren dem mutigen Rittmeister gewiß: Der König schenkte ihm das Gut Quilitz. Das alte Herrenhaus ließ Prittwitz – inzwischen zum General befördert – sogleich abreißen und an gleicher Stelle eine Schloßanlage mit Haupttrakt und zwei Nebentrakten errichten. Das Stufendach im Rokokostil wurde auf das Erdgeschoß aufgesetzt. Ein Obergeschoß erhielt das Schloß erst Jahre später.

1792 stiftete Prittwitz das erste Denkmal für Friedrich den Großen, nachdem der König sechs Jahre zuvor auf Schloß Sanssouci in Potsdam gestorben war.

Das Marmordenkmal, gegenüber der Rückansicht des Schlosses, ist noch heute zu besichtigen: Eine Figurengruppe aus Carraramarmor. Vor Minerva in römischem Gewand kniet der Kriegsgott Mars. Auf einer Säule zwischen den beiden Figuren ist ein Relief Friedrichs des Großen angebracht.

Entworfen hat das Denkmal Johann Wilhelm Meil, in den Marmor gemeißelt Giuseppe Martini. Der Sockel wurde von Daniel Christian Rauch geschaffen und erst 1821 unter die Figurengruppe plaziert.

Ursprünglich war eine Inschrift in den Sockel graviert:

»Friedrich dem Großen
Der General von Prittwitz
im Jahre 1792«

Diese Inschrift ist verschwunden.
General von Prittwitz ist neben seiner Frau in einer Gruft in der Kirche beigesetzt.

1801 kam es zu einer Katastrophe, wie sie im damaligen Preußen gar nicht so selten war: Ein riesiges Schadensfeuer vernichtete das gesamte Dorf. Wie durch ein Wunder wurde das Schloß verschont.

Preußens Baumeister Karl Friedrich Schinkel zögerte nicht. Im Auftrag des Königs entwarf er neue Häuser und ließ innerhalb von nur drei Jahren die Ortschaft wieder aufbauen.

Neuer Schloßherr wurde 1814 Karl August von Hardenberg, der große preußische Staatskanzler und Reformer. Sofort wurde Schloß Quilitz in Schloß Neu Hardenberg umbenannt – das war 1815. Das Drei-Straßen-Dorf am Rande des Oderbruchs hatte somit auch seinen neuen Namen. Von dieser Zeit an wurde alles anders im Ort: Zunächst nahm sich der Staatskanzler das Schloß vor, das auf längere Zeit sein Wohnsitz werden sollte. Als erstes wurde wiederum Karl Friedrich Schinkel im Jahr 1820 bemüht, um dieses zu einem angemessenen Sitz des Kanzlers umzugestalten.

Vorgänger von Fürst Hardenberg – so die Legende – hatten seinerseits ebenfalls vorgehabt, das Schloß großzügiger zu gestalten. Zumindest wollte man ein Obergeschoß auf dem Erdgeschoß. Aber eine einzige dahingesagte Bemerkung Friedrichs des Großen ließ von Prittwitz zurückschrecken. »Er will hoch hinaus«, soll Friedrich II. gesagt haben. Erschrocken verwarf von Prittwitz seine anspruchsvollen Baupläne und begnügte sich mit einem eingeschossigen Bau.

Der Ausdruck »Da will aber einer hoch hinaus«, gehört heute noch zum Sprachschatz der Brandenburger.

Der preußische Staatsmann Karl August von Hardenberg, am 31. Mai 1750 in Essenrode geboren und am 26. November 1822 während einer Reise in Genua gestorben, war seit 1791 preußischer Minister und war 1806 nach der verheerenden Niederlage der preußischen Armee auf Wunsch Napoleons entlassen worden. Aber schon ein Jahr später übte er sein Ministeramt wieder aus. Nach französischem Vorbild setzte er sich mit Erfolg für Rechtsgleichheit und Wirtschaftsfreiheit ein, wurde zum Reformer. Unter Friedrich Wilhelm III. wurde er 1810 hoch geehrt und zum preußischen Staatskanzler ernannt. Er bemühte sich, Preußen auf den Weg vom aufgeklärten Absolutismus zum Liberalismus zu führen, realisierte 1810 die Gewerbefreiheit und sorgte 1812 für die Judenemanzipation. Seine Bemühungen um eine gleiche Besteuerung aller preußischen Bürger scheiterte am hartnäckigen Widerstand des Adels. Nach dem für Preußen demütigenden Bündnisvertrag mit Frankreich vom 24. Februar 1812 bereitete er schon bald den Krieg Preußens gegen Napoleon vor, der mit dem Sieg in der Völkerschlacht bei Leipzig im Oktober 1813 endete.

Karl August Freiherr von Hardenberg vertrat die Siegermacht Preußen beim Wiener Kongreß 1815. Er vergrößerte Preußen durch sein diplomatisches Geschick beträchtlich. Eins seiner großen Verdienste bestand danach in der Schaffung einer mustergültigen Verwaltungsreform.

Zurück ins Jahr 1814, als sich von Hardenberg im damals noch Quilitz heißenden Ort einrichtete. In seinem Auftrag baute Schinkel das Schloß um, wie es sich heute noch zeigt.

Von 1820 bis 1822 stockte dieser das Erdgeschoß auf und machte so das Schloß zum zweigeschossigen Bau mit dreiachsigen Mittelrisaliten zur Hofseite hin. Die Rückseite des Schlosses zum von dem preußischen Gartenbaumeister Peter Joseph Lenné geschaffenen Landschaftspark erhielt Flachdächer hinter Konsolgesims.

1852 wurde über den Hofrisalit ein Dreieckgiebel gesetzt, so wie er jetzt noch zu sehen ist.

Heute ist das Schloß beliebtes Ausflugsziel. Im Schloßmuseum und den historischen Räumen ist die wechselvolle Geschichte des Straßenangerdorfes dargestellt und erläutert. In den Räumen sind Gemälde, Möbel und Tafelporzellane aus dem beginnenden 19. Jahrhundert zu betrachten. Das Schloß verfügt darüber hinaus über 17 Gästezimmer mit fließend kaltem und warmem Wasser. Ein Kellerrestaurant mit schlichten weißen Wänden und rotbezogenen Polsterstühlen bietet gutbürgerliche Küche, und eine gemütliche Weinstube sorgt für Stimmung und Behaglichkeit.

Die Schloßverwaltung bietet Pauschalangebote für die Feiertage und Konzertveranstaltungen an. Näheres erfahren Sie von der Schloßverwaltung (Anschrift und Telefonnummer unter »Übernachtungsmöglichkeiten«).

Lohnend ist für jeden Besucher ein Spaziergang durch den von Lenné geschaffenen englischen Landschaftspark mit seinen gepflegten Wegen und einem malerischen Teich sowie mit dem Denkmal Friedrichs des Großen an der Rückseite des Schlosses.

Lenné hat den Park 1821 geschaffen – unter deutlichem Einfluß des Fürsten Pückler. 1930 wurde die Anlage durch Georg Potente rekonstruiert. Im Park befinden sich zwei weitere Bauten Schinkels: Die 1801 umgestaltete Orangerie mit den Rundbogenfenstern und das Wachhaus mit vorgesetztem Tempelvorbau.

Dieser Park war auch Begegnungsstätte der Männer des 20. Juli, die die Beendigung des Krieges anstrebten und Hitler beseitigen wollten.

Schloßherr war damals der Großneffe des Fürsten, Carl-Hans Graf von Hardenberg, Oberstleutnant im Potsdamer Elite-Infanterieregiment 9. Das Schloß wurde zum geheimen Treffpunkt der Hitlergegner. Seit 1943 trafen sich hier zahlreiche Offiziere des Widerstandes gegen Hitler, unternahmen ausgedehnte Spaziergänge durch den weitläufigen Park und berieten in endlosen Debatten über die Zukunft Deutschlands. Graf Hardenberg war nach dem geplanten Tod Hitlers als Oberpräsident von Berlin und Brandenburg vorgesehen.

Am 24. Juli 1944 – vier Tage nach dem gescheiterten Attentat auf Hitler – fuhr die Gestapo vor dem Schloß vor und verhaftete den Grafen.

Vorher hatte Graf Hardenberg versucht, Selbstmord zu verüben. Zweimal schoß er sich in die Brust, überlebte aber. Er starb auch nicht, als er sich eine Schere in die Schußkanäle stieß und versuchte, sich die Pulsadern aufzuschneiden.

SS-Sanitäter retteten den Grafen und brachten ihn danach in das Konzentrationslager Oranienburg. Die gesamte Familie wurde von den damaligen Machthabern enteignet.

Im April 1945 wurde Graf von Hardenberg von sowjetischen Truppen aus der KZ-Haft befreit, nachdem er den Massenexekutionen der SS entgangen war.

In seinen Erinnerungen schrieb Carl-Hans Graf von Hardenberg über die am Attentat auf Hitler beteiligten Männer:

»Das Opfer war gebracht, aber nicht angenommen worden. Nun, deutsches Volk, mußt Du den bitteren Kelch trinken. Vergiß die Toten des 20. Juli nicht. Sie starben, damit Du leben sollst.«

Der Graf war zweimal enteignet worden: Von den Nationalsozialisten und danach von den Kommunisten.

Obwohl ihm das Erbe nicht vorenthalten werden konnte, sah sich der Graf außerstande, das Schloß mit 750 Hektar Wald und Ackerland und sieben

Seen zu unterhalten und zu nutzen. Er verlor sein Augenlicht und starb 1958 in Frankfurt am Main.

Am 22. Oktober 1991 wurden zum 100. Geburtstag des letzten Grafen von Hardenberg seine Urne und die seiner Ehefrau Renate, geb. von der Schulenburg, nach Neuhardenberg überführt. Das war der letzte Wunsch der Verstorbenen gewesen. Sie wurden im Mausoleum an der Ostseite der Dorfkirche beigesetzt.

Der Bürgermeister von Neuhardenberg, Burkhard Lier, erklärte gegenüber der »Berliner Morgenpost«: »1949 erhielt die Kleinstadt auf Druck des damaligen SED-Bürgermeisters Fritz Perlitz den Namen Marxwalde. Auch ›Thälmannpark‹ und ›Engelswalde‹ waren im Gespräch. Für die Alteingesessenen ist die Rückbenennung eine notwendige Wiedergutmachung – viele Sympathisanten des alten Grafen wurden damals zwangsevakuiert oder verhaftet.«

Wind und Wetter hatten inzwischen dazu beigetragen, daß das »neue« Symbol der Namensgebung »Marxwalde« aus DDR-Zeiten – eine von Professor Fritz Cremer geschaffene Büste von Karl Marx – da dessen Stahlhalterung total durchgerostet und verrottet war, entfernt werden mußte. Unmittelbar nach der Wende war der Denkmalsockel leer. Unbekannte sollen die Büste nachts vom Sockel gestoßen haben. Die Büste des bedeutenden DDR-Künstlers – er schuf das Brecht-Denkmal vor dem »Berliner Ensemble« und mehrere Mahnmale in Konzentrationslagern – kam in die künstlerischen Werkstätten Frankfurt a. d. Oder und soll restauriert werden. Was mit der Büste geschehen soll, ist noch offen.

Der Bürgermeister dazu: »Eigentlich brauchen wir den nicht mehr.«

Im Krieg ist das Schloß nur leicht beschädigt worden. Es war erst Umsiedlerunterkunft, dann Schule. 1974 aber wurde ein Programm zur kommunalen Nutzung entwickelt. Ein Jugendclub wurde gegründet, und eine Dienstleistungszentrale zog ein. Auch ein Trainingszentrum für Gewichtheber wurde eingerichtet.

1978 begannen Rekonstruktions- und Restaurierungsarbeiten. Elf Räume sind nach historischem Vorbild neu gestaltet worden.

Besichtigungen: Mittwoch bis Freitag, 11.00 bis 17.00 Uhr.

An der Frontseite des Schlosses haben sowjetische Künstler eine Gedenkstätte aus schwarzem Basalt für gefallene Sowjetsoldaten geschaffen.

Sehenswert ist auch die Dorfkirche unweit des Schlosses. Sie steht auf den Grundmauern einer mittelalterlichen Feldsteinkirche und brannte bei der Katastrophe 1801 völlig aus. Karl Friedrich Schinkel baute die Kirche wieder auf und gab ihr ein klassizistisches Äußeres.

Der rechteckige Turm hat einen ellipsenförmigen Aufbau, der das benachbarte Schloß überragt. Der rechteckige Kirchenraum ist mit Emporen ausgestattet, die Altarnische halbrund und aus Holz gefertigt. Hier befinden sich Darstellungen der vier Evangelisten, die auf Josef Bertini zurückgehen (1822).

Übernachtungsmöglichkeiten und Gaststätten in Neuhardenberg/Wulkow

Gaststätte »Am Zollhaus« Karl-Marx-Allee 18 15320 Neuhardenberg Tel.: 03 34 76/260	4 Zimmer mit DU/BAD/WC/(sep.) TV/Radio 70,– DM bis 100,– DM (incl. Frühstück) 700jähriger Weinkeller
Dieter Strauß Friedrich-Engels-Str. 15320 Neuhardenberg Tel. 03 34 76/5152	1/2 Ferienbungalow DU/WC sep. TV/Radio 50,– DM plus 5,– DM für Frühst. p. P. Kochgelegenheit
Frau Belitz Friedrich-Engels-Str. 19 15320 Neuhardenberg	1/2 Ferienbungalow BAD/WC sep. 35,– DM p. P. (incl. Frühstück) Kochgelegenheit
Gaststätte »Zum Keller« Oderbruchstraße 15320 Neuhardenberg	Mo. geschlossen
Parkhotel Schloß Wulkow Familie Heselhans 15320 Wulkow Tel. 03 34 76/2 34	Fast 100 Betten in Komfort-Einzel- u. Doppelzimmern mit Bad/Dusche, WC, TV, Tel., Fax, behindertenfreundl. Räume sowie 8 Suiten, Sauna, Bar, Solarium, Fitneßräume, Tennisplatz, Kegelbahnen, Restaurant, Bibliothek, Salon- und Tagungsräume

Tour 2: Nach Letschin, Wilhelmsaue und Kienitz

Wir verlassen Seelow wiederum in Richtung Norden auf der Bundesstraße 167. Kurz hinter Gusow biegen wir nach rechts ab, durchqueren auf Straßen 2. Ordnung die Gusower, später die Letschiner Loose und erreichen Letschin.

Letschin, das größte Dorf im Oderbruch, wurde 1336 erstmals als »Luczin«, 1405 als »Lutschin« und 1460 als »Letczin« urkundlich erwähnt.

Die Bewohner Letschins hatten in den letzten Kriegstagen Schweres zu ertragen. Genau an der Westseite des Dorfes verlief die zweite deutsche Front. Schon Mitte April 1945 standen die sowjetischen Truppen, die bei Kienitz unter schweren Verlusten die Oder überquert hatten, vor dem Dorf. Ein Drittel der Bewohner verlor das Leben. 90 Prozent der Häuser wurden stark beschädigt oder vernichtet.

Auch die Dorfkirche, nach Entwürfen von Karl Friedrich Schinkel errichtet, wurde so stark beschädigt, daß sie nach Kriegsende abgetragen werden mußte. Nur der Turm blieb erhalten und wurde 1974 restauriert. Ursprünglich war anstelle der 1809 abgebrannten Dorfkirche in den Jahren 1810 bis 1812 auf den alten Umfassungsmauern ein neuer Kirchenbau errichtet worden. Im Gegensatz zum Stil märkischer Backsteingotik, die das Mauerwerk frei sichtbar ließ, wurde das Mauerwerk überputzt. Erst Schinkel gab dem Kirchenschiff das altbekannte Aussehen märkischer Backsteingotik wieder zurück. Der heute wiederhergestellte Kirchturm wurde 1818 angefügt, das im Krieg zerstörte Kirchenschiff jedoch nicht mehr errichtet.

Eine andere Sehenswürdigkeit ist die »Fontane-Apotheke«, auch wenn sie sich nicht mehr am ursprünglichen Standort befindet. Der achteckige Bau stammt aus dem Jahre 1865 und ist dem späten Klassizismus zuzuordnen. Das Bauwerk ist ein Neubau der Apotheke, die an anderer Stelle 1861 bei einem Brand vernichtet wurde.

Louis Henry Fontane, der Vater des späteren Heimatdichters Theodor Fontane, hatte von 1838 bis 1850 die Apotheke in Letschin. Theodor Fontane war dort in der väterlichen Apotheke 1845 als Lehrling tätig. Auch später besuchte er oft Letschin und faßte hier den Entschluß, seine »Wanderungen durch die Mark Brandenburg« zu verfassen. Hier fand er auch den Stoff seiner ersten Kriminalnovelle »Unterm Birnbaum«.

Östlich des Dorfangers, der die Hauptachse der Ortschaft bildet, befindet sich auf dem Gelände des alten Friedhofs der »Fontane-Park« mit mehreren Teichen. Hier gedeihen Seerosen, Sumpfzypresse und die Korkenzieherweide, außerdem über 70 Irissorten.

Eine dramatische Geschichte erzählen sich die Letschiner über das Denkmal Friedrichs des Großen am Ende des Dorfangers. Zu Ehren des Königs, der damals über die von ihm veranlaßte Trockenlegung des Oderbruchs sagte:

»Ich habe mir im Frieden eine Provinz erobert«, war 1905 ein Denkmal, eine Bronzeskulptur (2,95 Meter hoch, 515 Kilogramm schwer) von dem Bildhauer Hans Weddo von Glümer geschaffen und in Lauchhammer gegossen worden. Diese Tatsachen besagen Gravuren am Granitsockel. Das Denkmal wurde am 25. Juli 1905 eingeweiht und in einer Grünanlage im Dorfanger plaziert. Hier stand das Denkmal bis zum Kriegsende 1945, nachdem es bei den schweren Kämpfen nur leicht beschädigt worden war. Die sowjetischen Besatzungstruppen hatten nichts gegen die Existenz eines Denkmals dieser Art einzuwenden, brauchten den Platz aber für ein Denkmal zum Gedenken an die gefallenen Sowjetsoldaten. Das Bronzestandbild wurde also vom Sockel genommen.

Bald entschieden die damaligen Machthaber der sowjetisch besetzten Zone: Das Denkmal solle zersägt und eingeschmolzen werden. Die Schrottplatz-Verwaltung weigerte sich und erklärte: »Das Denkmal wird nicht eingeschmolzen. Das ist doch historisch.« Die Statue wurde nach Letschin zurückgebracht und notdürftig eingelagert. Einheimische Letschiner wissen nicht mehr genau, wie oft das Denkmal im Laufe von 45 Jahren von Unbekannten gestohlen und heimlich wieder aufgestellt wurde. Immer wieder mußte die Polizei alarmiert werden, die aber nichts ermitteln konnte.

Schließlich wurde das Denkmal auf dem Friedhof vergraben und von einem Volkspolizisten bewacht. Es gelang einigen Letschinern aber, den Posten abzulenken und das Denkmal erneut zu stehlen. Schließlich spürten Polizisten das Standbild im Schuppen des Gurkeneinlegers Hans Golz auf, der sein Anwesen beim Herannahen der Polizei verbarrikadierte und mit einer Axt im Arm auf dem Schuppendach erschien. Dabei soll er laut Eintragungen des Ortschronisten gerufen haben: »Jeden der rinn' will, schloo ich mit de Axt to Boden.« Er hatte die Statue mit Stroh umwickelt und hinter Gurkenfässern im Schuppen verborgen. Die Machthaber der DDR respektierten schließlich die Hartnäckigkeit der Letschiner. Im Juli 1986, zur 650-Jahr-Feier des Ortes tauchte das Denkmal wieder auf. Degen und Krückstock des bronzenen Königs mußten aber erneuert werden.

Im August 1990 wurde das restaurierte Denkmal dann wieder eingeweiht.

Sein Standort liegt jetzt in Blickweite des sowjetischen Ehrenmals, neben dem 331 gefallene sowjetische Soldaten begraben sind.

Die Wiedereinweihung erfolgte zum 204. Todestag Friedrichs des Großen. Nach der Kranzniederlegung und zum Schluß der Feierlichkeiten wurde der Choral von Leuthen »Nun danket alle Gott« intoniert. Den Choral hatten die preußischen Soldaten nach der siegreichen Schlacht bei Leuthen (1757) über die Österreicher gesungen.

Der alte Gasthof des Ortes – zu DDR-Zeiten »Einigkeit« genannt – erhielt zur Feier des Tages seinen alten Namen »Zum Alten Fritz« zurück.

Übernachtungsmöglichkeiten und Gaststätten in Letschin

Landheim Wilhelmsaue Dorfstraße 19 15324 Letschin OT Wilhelmsaue Telefon: 03 34 75/5 01 44	7 Zimmer pro Bett 10,– bis 15,– DM DU/BAD/WC auf der Etage Aufenthaltsraum mit TV/Radio/Video auf jeder Etage eine Küche
Familie Bartsch im Gasthof »Zum Alten Fritz« 15324 Letschin Telefon: 03 34 75/2 23	2 Zimmer, 5 Betten p. P. 30,– DM (mit Frühst.) BAD/WC separat Parkplatz am Haus Gaststätte im Haus
Frau Wandke Dorfstraße 25 15324 Letschin Tel. 03 34 75/2 85	1/2 Zimmer, 2 Betten 17,– DM p. P. (mit Frühst.) DU/WC separat Garten/Terrasse, TV
Fam. Luschtyk August-Bebel-Str. 10 15324 Letschin Tel. 03 34 75/5 03 27	2 Zimmer 25,– DM p. P. (mit Frühstück) BAD/WC separat

Nach dem Besuch von Letschin lohnt sich ein Abstecher nach Wilhelmsaue, einem Ortsteil von Letschin. In Fahrtrichtung Kienitz an der Oder biegt man kurz hinter dem Ortsausgang links in die Straße »Forstacker« ein. Bis Wilhelmsaue ist es knapp einen Kilometer.

Dieser Ortsteil von Letschin wurde 1724 als »Vorwerk Wilhelmsaue« erwähnt.

Die Dorfkirche in Fachwerkbauweise und ohne Turm, mit einem Friedhof und zwei klassizistischen Grabsteinen aus den Jahren 1820 und 1861, ist einen Besuch wert. Sie wurde 1820 erbaut und 1956 restauriert.

Die alte Bockwindmühle von 1884, die bis 1956 gewerblich als Mahlmühle in Betrieb war und bis 1964 als Schrotmühle diente, ist eine Sehenswürdigkeit. Die Mühle wurde aufwendig restauriert und erhielt am 20. Mai 1988 neue Flügel.

Die Achse der Rutenwelle liegt 10,5 Meter über dem Erdboden. Die Mühle ist 6 Meter breit, 7,30 Meter lang. Die Flügellänge – einst 10 Meter – beträgt nach der Restaurierung 9 Meter. Die Windwand ist mit Schindeln aus Pappelholz belegt. Sie ist die letzte von einstmals über 100 Mühlen im Oderbruch.

Die Straße führt weiter durch die Kienitzer Loose nach Kienitz, einem kleinen Fischerdorf direkt an der Oder, die die Grenze zu Polen bildet. An dieser Stelle gelang den sowjetischen Sturmtruppen erstmals das Übersetzen über die Oder. Anfangs hatten sie Flöße dafür eingesetzt, erst später Boote, und noch später ausgebaute Pontonbrücken für den Nachschub.

Schon am 31. Januar 1945 hatte hier die Rote Armee den ersten Brückenkopf westlich der Oder gebildet. 90 Prozent der Häuser des Ortes wurden bei den Kampfhandlungen zerstört.

Die Kirche mit dem achteckigen Turmaufbau, ein verputzter Backsteinbau aus dem Jahre 1831, wurde durch Artilleriebeschuß stark beschädigt und seitdem nicht mehr für kirchliche Zwecke benutzt. Die Gemeindeverwaltung übernahm die Nutzung.

Im Ortsmittelpunkt steht auf einer großen abgeräumten Trümmerfläche ein typisches sowjetisches Ehrenmal des Krieges – ein Panzer vom Typ T 34 –, der die umstehenden Häuser überragt.

Am Ortsrand, auf dem Weg zum Flußlauf der Oder, steht ein weiteres Denkmal – eine hohe Platte aus Edelstahl, in die in deutscher Sprache ein Auszug eines Briefes des Leutnants der Roten Armee Konrad Wolf an seine Eltern in Moskau eingraviert ist:

> »Die Offensive verleiht uns ein grenzenloses Maß an Energie, um noch schneller dem faschistischen Unrat ein Ende zu bereiten.«

Der junge Konrad Wolf, Sohn des bei Beginn des Krieges gegen die Sowjetunion nach Moskau emigrierten Dramatikers Friedrich Wolf, war

in die Rote Armee eingetreten und als sowjetischer Leutnant nach Deutschland zurückgekehrt.
Auf dem Weg zum Oderstrand sind heute noch Reste von Stellungen aus den Kämpfen um Berlin zu erkennen. An die dramatische Übersetzung der Roten Armee erinnert noch ein zurückgebliebenes Brückenbauteil im Ufergebüsch.

Übernachtungsmöglichkeit und Gaststätten in Kienitz

Martin Grund Schulstraße 7 15324 Kienitz Tel.: 03 34 78/4 27	3 Zimmer DU/WC separat 25,– DM p. P. (mit Frühstück) Terrasse u. Liegewiese Fahrräder vorhanden
»Zum Hafen« Deichweg 20 15324 Kienitz Tel.: 03 34 78/4 40	Mo. und Di. geschlossen

Der reaktive Geschoßwerfer BM 13, »Stalinorgel« genannt, ist auf einem geländegängigen Lastwagen montiert und hat 16 Startschienen für reaktive Geschosse in der Abwurfvorrichtung. Die Raketengeschosse (Masse je 42 kg) vom Kaliber 132 Millimeter hatten eine Reichweite von 8 470 Metern. In 7 bis 10 Sekunden hatten alle Geschosse das Startgestell verlassen und waren mit dem so typischen orgelartigen Heulen unterwegs zu ihrem Ziel

Die 152-Millimeter-Haubitze 1943 mit Vollgummilaufrädern hat eine Schußweite von 12 400 bis 13 700 Metern. Die gut ausgebildeten sowjetischen Kanoniere konnten pro Minute 4 Schuß abfeuern. Die Masse des Geschützes betrug in der Marschlage 4 550 kg, in der Feuerstellung 4 100 kg. Die 40-kg-Granate erreichte eine Anfangsgeschwindigkeit von 506 m/s

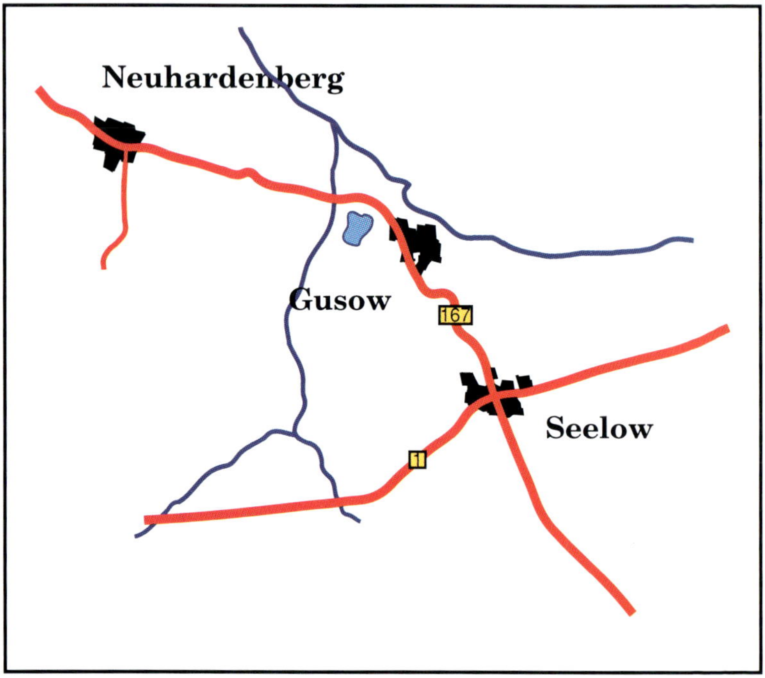

Tour 1: Nach Gusow und Neuhardenberg

Die 76-Millimeter-Divisionskanone 1942 (ZIS – 3) war wegen ihres geringen Gewichts und der leichten Bedienung überall einsetzbar. Die Kanone verfügte über eine hohe Feuerkraft

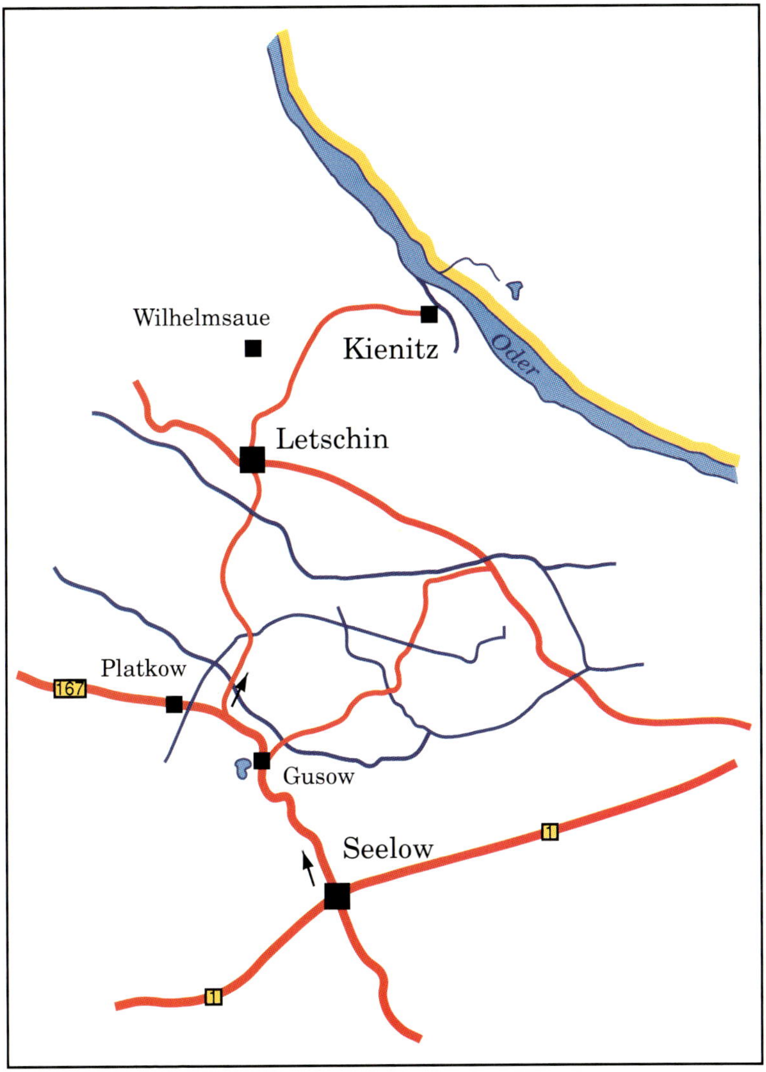

Tour 2: Nach Letschin, Wilhelmsaue und Kienitz

Der Schinkelturm der Dorfkirche

Die Fontane-Apotheke in Letschin

An dieser Stelle überquerten Sowjettruppen am 31. Januar 1945 erstmals die Oder

Das Denkmal mit der Inschrift des Leutnants der Roten Armee Konrad Wolf (Sohn des nach Moskau emigrierten Dramatikers Friedrich Wolf)

Ein Sowjetpanzer T-34 als Ehrenmal im Ortsmittelpunkt von Kienitz

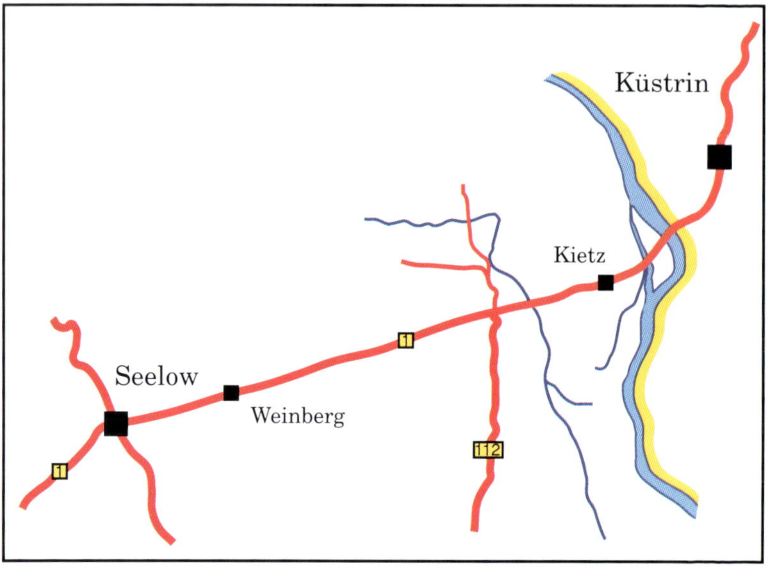

Tour 3: Nach Kietz und Küstrin (Kostrzyn)

Der 120-Millimeter-Regimentsgranatwerfer 1938 wurde zum Beschuß von Zielen hinter der Deckung bevorzugt

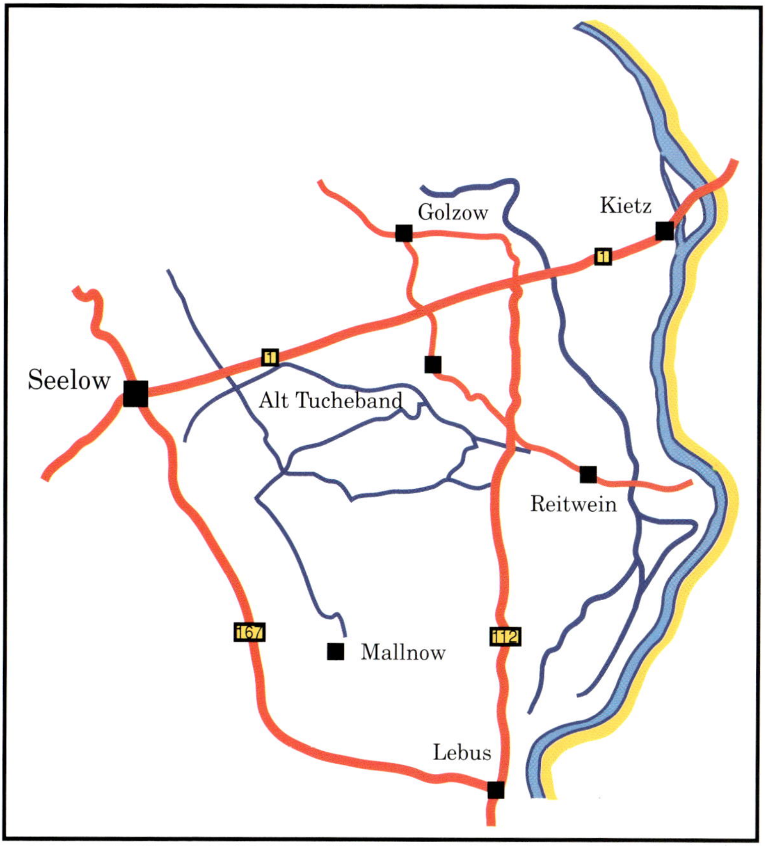

Tour 4: Nach Alt Tucheband und Reitwein

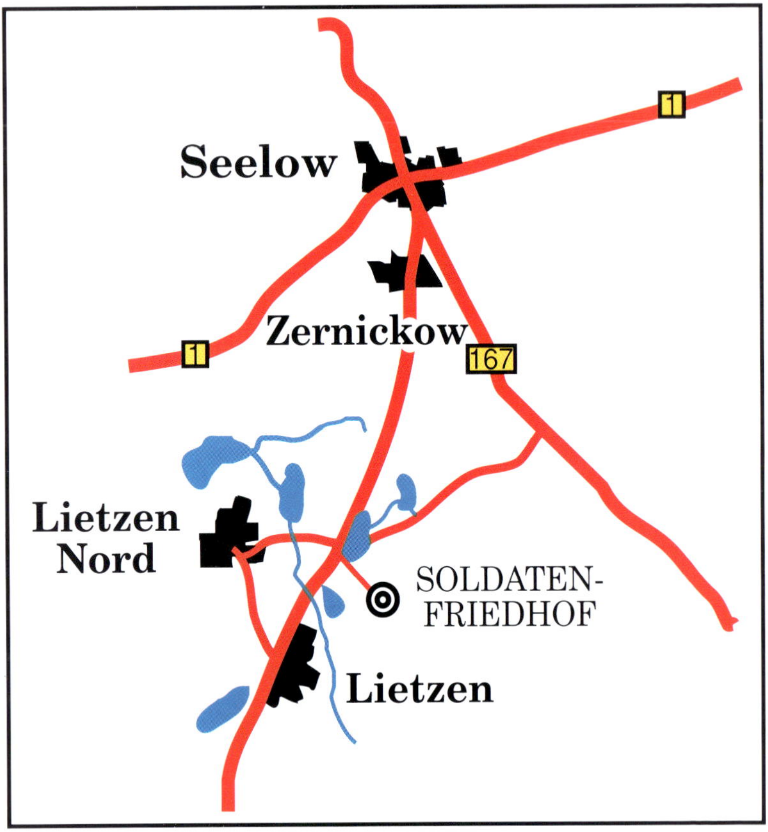

Tour 5: nach Lietzen

Tour 3: Nach Kietz und Küstrin

Die Fahrt von Seelow nach Kietz und Küstrin führt über die Bundesstraße 1 genau Richtung Osten. Am Ostrand Seelows liegt die schon besprochene Gedenkstätte Seelower Höhen mit Museum.

Die Fahrt führt über Weinberg durch die Seelower Loose und den Hauptgraben, über Manschnow nach Kietz, einst Vorort von Küstrin.
Kietz, 1375 als Vorstadt von Küstrin erstmals erwähnt, wurde in den letzten Kriegswochen zu 98 Prozent zerstört.

Der achtmal mit einem Übermaß an schweren Waffen vorgetragene Angriff und die siebenmalige Abwehr durch die deutschen Truppen hat auch unter der Zivilbevölkerung viele Opfer gefordert.

Auf dem Gemeindefriedhof befindet sich ein schlichtes Soldatengrab. Auf dem Grabstein steht die Inschrift:

»Unteroffizier Hans-Jürgen Sandkamp und 5 Kameraden«

Andere Gräber sind Ruhestätten unbekannter Toter. Nur eines ist mit einem hölzernen Kreuz versehen, Studentenblumen blühen. Auf dem »Alten Friedhof« im Innern der Ortschaft in einem umzäunten Rechteck ein schlichtes Holzkreuz für 16 namenlose Soldatengräber. Nur einer der Toten konnte identifiziert werden: Andreas Napokoj, geb. am 28. 11. 02, gefallen am 10. 02. 1945.

Heinz Henschel, jetzt 65, geboren in Küstrin und Maschinengewehrschütze im Zweiten Weltkrieg, berichtet: »Als ich am 1. September 1946 nach Hause kam, kam es mir vor, als wenn über dem Oderbruch ein Schneeregen tobt. Es war der Samenflug von Disteln, die über zwei Meter hoch gewachsen waren. In den Häuserruinen war niemand anzutreffen, es gab kein Vieh, überhaupt niemanden. Die Bewohner, soweit sie überlebt hatten, kehrten erst so nach und nach zurück. Die Landschaft war total am Boden, niemand war die letzten Monate auf die Felder gegangen. Offiziere der Russen gaben den wenigen Bewohnern die Anweisung, alle Schützengräben und Schützenlöcher mit den Gefallenen aufzufüllen und zuzuschütten. An ordentliche Begräbnisse konnte sowieso keiner denken. Auf knapp 500 Meter an der Hauptstraße lagen rechts und links 56 abgeschossene T 34 und ein deutscher ›Panther‹. Man muß sich vorstellen, was da für Öl und Kraftstoff in den Ackerboden abgeflossen ist.«

Von der damaligen Vorstadt Kietz ist es nur ein Sprung über die Oder bis Küstrin.

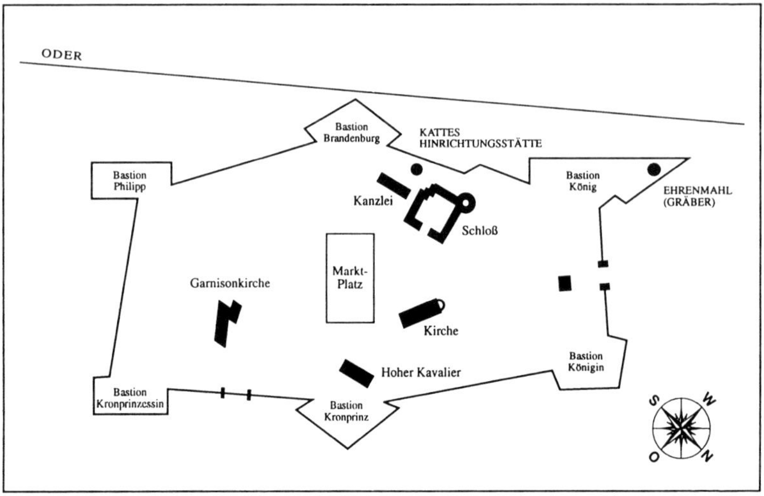

Das ehemalige Küstrin heißt heute Kostrzyn und gehört zu Polen. Die Straßenbrücke über die Oder ist seit November 1992 wieder für den PKW-Verkehr und für Fußgänger geöffnet.
Die berühmte Altstadt war 1945 während der schweren Kämpfe restlos vernichtet worden. Nur noch Teile der alten Festungsmauer sind erhal-

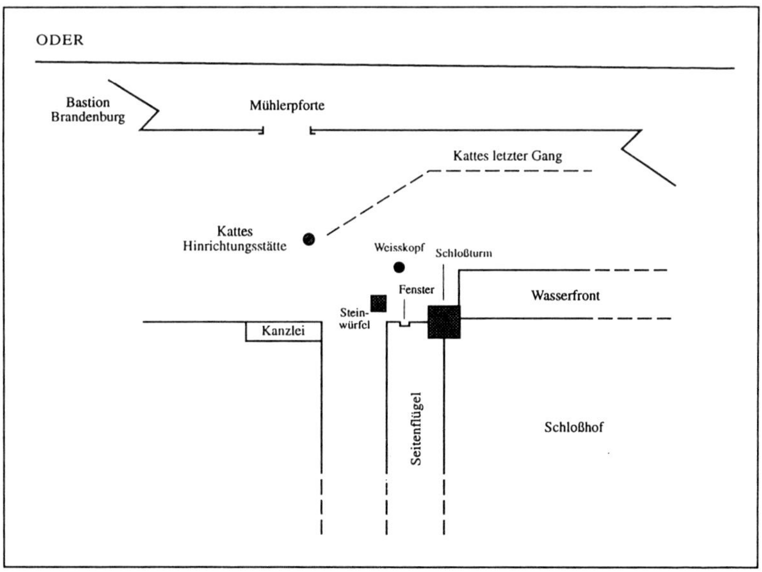

ten geblieben. Sechs- bis siebenmal ging die Front durch die Stadt, bis die Reste schließlich von der russischen Artillerie förmlich zermalmt wurden. 1939, bei Kriegsausbruch, hatte Küstrin noch 23 800 meist evangelische Einwohner.

Küstrin wurde 1232 erstmals erwähnt, ging 1252 an die Markgrafen von Brandenburg über. Unter der Residenz des Markgrafen Hans von Küstrin kam die Oderstadt 1535 zu größerer Bedeutung. Es gab ein Zollamt, ein Wasserbauamt, ein Finanzamt. Häfen für die Oder- und Wartheschiffahrt wurden angelegt. Später gab es Schiffbau und Fabriken zur Verarbeitung von Zellulose und Dachpappe, für Malz, Kartoffelmehl und Getreide. Holz- und Viehhandel florierten.

Küstrin wurde schon frühzeitig zur wehrhaften Festung ausgebaut, wobei die Festungsbauer geschickt die geschützte Lage auf der Landzunge zwischen Oder und Warthe ausnutzten. Nach ständiger Verstärkung wurde Küstrin bis ins 19. Jahrhundert zu einer der stärksten Festungen auf deutschem Territorium.

Von der spätgotischen Pfarrkirche, der Garnisonkirche und dem Schloß aus dem 16. Jahrhundert ist fast gar nichts erhalten.

Übriggeblieben sind von der alten Festung Küstrin nur noch Teile der Bastion König im Südwesten der ehemaligen Stadt. Hier haben sowjetische Künstler einen Obelisken zum Gedenken an ihre Gefallenen errichtet und ein Panzerabwehrgeschütz mit der Schußrichtung auf Berlin montiert. Die Grabanlagen sind ungepflegt und verwildern zusehends.

Tour 4: Nach Alt Tucheband und Reitwein

Der Weg von Seelow nach Reitwein verdient einen Abstecher: Nach Alt Tucheband. Wieder einer der vielen Orte im Oderbruch, die das Grauen des Krieges nicht restlos überwinden konnten, noch immer davon gezeichnet sind.

Über die Bundesstraße 1 über Weinberg biegt man nach rechts in die fruchtbare Niederung nach Alt Tucheband ab. Es sind von Seelow aus genau 9 Kilometer.

Auf dem Wege dorthin kann man auf der Bundesstraße 1 noch zwei Postmeilensteine finden: einen Meilenstein für eine halbe Meile bei Kilometer 8,2, einen Meilenstein für eine viertel Meile bei Kilometer 10,1.

Wer nach Alt Tucheband kommt, spürt die jüngste Vergangenheit. Das Dorf hat keinen Ortskern mehr, er wurde im Krieg vernichtet: Teils von den deutschen Truppen, teils von der Roten Armee.

Es waren deutsche Truppen, die den Kirchturm der Ortskirche, in märkischer Backsteingotik, sprengten.

Der gegnerischen Artillerie sollte kein Orientierungsziel geboten werden. Bei der Sprengung wurde auch das Kirchenschiff schwer beschädigt. Heute sind nur noch ein Mauerrest, die Kirchturmspitze und das beschädigte Kriegerdenkmal für die Gefallenen des Ersten Weltkrieges übriggeblieben.

Die der Kirche gegenüberliegende Schule wurde völlig vernichtet. Heute erinnern nur noch zwei uralte Eichen daran, daß hier einst der Mittelpunkt der Ortschaft war. Für kirchliche Andachten richtete der Ortspfarrer eine Stube im Gemeindehaus her.

Der Pfarrer im Ruhestand Siegfried Albrecht, heute 75, geboren in Seelow, berichtete, was er erlebte, als er als Wehrmachtsoldat nach Kriegsende nach Hause kam: »Die Menschen lebten in ihren Kellern unter ihren zerstörten Häusern. Sie schliefen auf Stroh. Es war schon schlimm, das mit anzusehen. Die Trümmer der Kirche von Alt Tucheband wurden von den noch verbliebenen Einwohnern abgeholt und zum Wiederaufbau ihrer Häuser verwendet. Wer kann ihnen das verdenken?«

Von Alt Tucheband über Rathstock nach Reitwein sind es jetzt nur noch sechs Kilometer. Reitwein wurde 1316 als »Ruthewyn«, später als »Reutwein« schriftlich erwähnt.

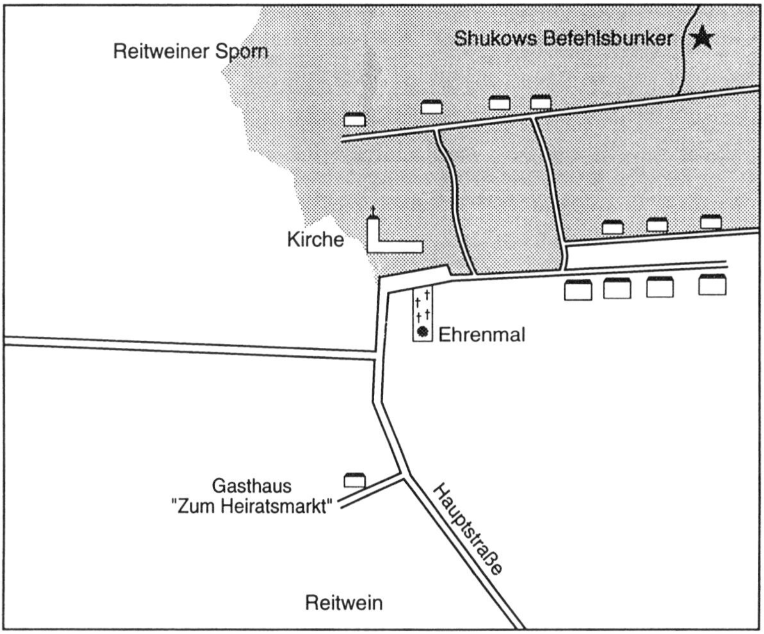

Am steilen Hang der Reitweiner Berge steht die Dorfkirche – ein kreuzförmiger, neugotischer Backsteinbau, 1855 von Friedrich August Stüler, einem Schüler Schinkels, errichtet. Der Baumeister verwendete nicht weniger als 63 verschiedene Formsteine für Schmuckelemente am Bau.

Seit 1945 ist der schöne Kirchenbau Ruine, schon seit Jahren ist der Kircheninnenraum eingerüstet. Die Restaurierungsarbeiten dauerten im Sommer 1993 noch an.

Schräg gegenüber befindet sich das 1947 errichtete sowjetische Ehrenmal für 3 000 im Jahre 1945 gefallene Sowjetsoldaten.

Aus der Geschichte ist bekannt, daß 1759 nahe Reitwein Friedrich der Große mit seiner Armee auf Pontonbrücken die Oder überquerte. Bei der anschließenden Schlacht bei Kunersdorf ostwärts von Frankfurt an der Oder erlitt der siegesgewohnte Preußenkönig eine vernichtende Niederlage und ließ fast 19 000 Gefallene auf dem Schlachtfeld zurück.

In tiefer Schwermut, nur von wenigen Getreuen umgeben, blieb der König tagelang im Barockschloß von Reitwein. Es waren seine treuen Anhänger, die ihn schließlich überredeten, auf die von ihm selbst erwogene Abdankung zu verzichten. Von dem Schloß ist nichts mehr zu sehen.

Heute ist – jeweils eine Woche nach Pfingsten – der traditionelle Heiratsmarkt Attraktion des Ortes, bei dem es stets lebhaft zugeht.

Markierte Wanderwege führen an den Lebuser Höhen über Carzig, Mallnow und Lebus durch das berühmte Naturschutzgebiet. Hier blüht im Frühjahr das von Naturfreunden geliebte Adonisröschen.

In den letzten Kriegswochen hatte der sowjetrussische Marschall Shukow im Reitweiner Sporn seinen Befehlsstand eingerichtet. Von hier aus besaß das sowjetische Oberkommando einen guten Ausblick über das gesamte Oderbruch.

Im Sommer 1993 war die Anlage wegen Einsturzgefahr gesperrt worden. Trotzdem lohnt eine Wanderung zu diesem Höhenzug, von dessen Rand aus man einen schönen Überblick über das flache Oderbruch hat.

Gaststätten in Reitwein

»Zum Heiratsmarkt«	
Triftweg 3	
15328 Reitwein	
Tel.: 03 36 01/5 42	Di. geschlossen

Podelzig:	
Gasthaus »Am Anger«	Restaurant
Hauptstraße 38	Bauernstube
15326 Podelzig	
Tel.: 03 36 01/2 09	Do. geschlossen

Tour 5: Nach Lietzen

Von Seelow nach Lietzen sind es knapp sieben Kilometer. Die Straße führt Richtung Süden über die Ortschaft Zernickow am Südrand von Seelow.

Kurz vor Lietzen liegt links auf einer Anhöhe ein deutscher Soldatenfriedhof. Der Friedhof ist mit einem schlichten Holzkreuz geschmückt, im Mittelteil ein kreuzförmiger Gedenkstein mit der Inschrift »Deutsche Kriegstote 1945«. Umgeben von Birken sind hier die Soldatengräber aufgereiht und mit schlichten Schildern, die nur Namen und Geburts- und Todesdatum enthalten, versehen.

Eines der Schilder fällt sofort ins Auge:

»Albin Schmidt, geb. 20. 2. 29, gest. 17. 3. 45 – er war gerade 16, als er fiel«

Eine Kranzschleife schmückt das flache Grab von »Oberfeldwebel Dietrich Hinners, geb. 1. 9. 15, gest. 19. 4. 45«

Gepflegt ist die Grabstätte von »San. Feldwebel Herbert Jahn, geb. 7. 1. 17, gest. 23. 3. 45«

Erst im Frühjahr 1993 sind 69 Gräber dazugekommen. Man hatte die sterblichen Überreste der Gefallenen bei der Suche nach noch immer gefährlichen Minen und Granaten aus der Zeit der damaligen harten Kämpfe gefunden.

Insgesamt sind auf dem Soldatenfriedhof mehr als 680 deutsche Gefallene der letzten Kriegstage beigesetzt. Die Deutsche Kriegsgräberfürsorge hat die Betreuung übernommen. Wie viele mögen wohl in den nächsten Jahren noch gefunden werden und endlich eine würdige letzte Ruhestätte finden?

Die Ortschaft Lietzen hat zwei getrennte Ortsteile – Lietzen-Dorf und Lietzen-Nord.

Die erste schriftliche Erwähnung stammt aus dem Jahre 1244. Da hatte die Ortschaft noch die Bezeichnung »villa lesniz«, wobei »villa« für »Dorf« steht. Der Templerorden besiedelte den Ort schon kurz nach 1200. Das Dorf liegt heute an dem Flüßchen Fließ, der damals noch Lesnitz hieß.

Die Dorfkirche auf rechteckigem Grundriß ist ein verputzter Feldsteinbau aus dem 14. Jahrhundert, wie er in der Gegend oft anzutreffen ist.

1729 erfolgte ein gründlicher Umbau, und ein quadratischer Dachturm wurde angefügt. Die Kirche hat eine Backsteinvorhalle zum Süden hin.

Im Krieg beschädigt, ist die Kirche 1947 wiederaufgebaut worden. Im Turmgebälk hängen drei Glocken – die älteste stammt aus dem Jahre 1477.

Eine ganze Reihe von Sehenswürdigkeiten bietet Lietzen-Nord, das nur einen halben Kilometer entfernt liegt.

Der geistliche Ritterorden der Templer hatte hier – man vermutet 1229 – eine Komturei errichtet, den Sitz eines Verwaltungsbezirks. Zu diesem Verwaltungsbereich gehörten Orte wie Tempelberg und Neuentempel.

Wie in jenen Zeiten üblich, wurde die Komturei durch eine Mauer gegen Eindringlinge und Überfälle geschützt. Ein Rest dieser Wehrmauer ist noch erhalten geblieben.

1312 hatte der Papst den Templerorden aufgelöst. Die Komturei ging an den Johanniterorden über.

Die Komture von Lietzen blieben für die brandenburgischen Kurfürsten bald unentbehrlich. Sie machten sich als Berater der Fürsten nützlich. 1810 – mit den preußischen Reformen – wurde der Johanniterbesitz zum preußischen Staatseigentum.

Staatskanzler von Hardenberg wurde 1814 neuer Besitzer.

Seit 1977 sind umfangreiche Restaurierungen im Gange. Zu dem Ensemble gehört auch das Herrenhaus, ein zweigeschossiger Bau aus Bruchstein, die Fassade versetzt mit Backsteinen. Das Herrenhaus ist mit einem Walmdach gekrönt.

Das Innere ist inzwischen wiederhergestellt, vor allem die Stuckdecken im Stil der Spätrenaissance. Sieben der zehn wiederhergestellten Räume sind mit Deckenbildern auf Leinwand versehen.

Frisch restauriert und originalgetreu ist auch der Speicher aus fugengerecht gesetzten Feldsteinen, die vermutlich aus dem 14. Jahrhundert stammen. Das Portal, über eine Treppe erreichbar, ist mit einem Rundbogen versehen, die Giebel schmücken spitzbogige Zwillingsfenster.

Das Gebäude wurde teils als Wohn- und Wirtschaftsgebäude genutzt, teils als Pferdestall.

Vollständig restauriert wurde auch die Komtureikirche, ein einschiffiger Granitquaderbau. Der Kanzelaltar stammt aus der Zeit um 1730.

IV. Museum und Gedenkstätte »Seelower Höhen«

Zum Gedenken an die gefallenen Sowjetsoldaten, die in den Tagen der blutigen Schlacht ihr Leben lassen mußten, ist die lebensgroße Bronzestatue eines Sowjetsoldaten in voller Kampfausrüstung von dem sowjetischen Kunstprofessor Lew Kerbel geschaffen worden.

Schon am 27. November 1945, wenige Monate nach Kriegsende, wurde die Gedenkstätte mit einem militärischen Zeremoniell eingeweiht.

Zu Füßen der auf einem Steinsockel stehenden Statue liegen die Gräber Gefallener.

Tiefer gelegen, am Hang der Seelower Höhen, befindet sich das Antikriegsmuseum. Äußerlich erinnert der Bau an einen Unterstand in Form eines Blockhauses. Das Museum, bestehend aus einem großen Schauraum und einem Kleinkino für Videofilme, wurde 1972 eröffnet, 1985 erweitert und inhaltlich neu gestaltet. So, wie das allgemeine Geschichtsverständnis in bezug auf die Rolle der sowjetischen Streitkräfte im Zweiten Weltkrieg in der ehemaligen DDR sehr einseitig festgelegt war, so war auch die inhaltliche Konzeption und Gestaltung der Gedenkstätte. Dem deutschen Soldaten war generell das Etikett »Faschist« zugeteilt, ihn schloß das Gedenken an dieser Stätte nicht ein. Das hat sich erst seit der Wende 1989/90 in Ansätzen verändert.

Im Ausstellungsraum befinden sich zahlreiche Fotos und andere Zeitdokumente aus den letzten Kriegstagen sowie Waffen, Uniformen und Geschosse verschiedener Art. Ob das ebenfalls ausgestellte russische Maxim-Maschinengewehr mit Schutzschild und Laufrädern tatsächlich eingesetzt worden ist, steht dahin. Es ist im Vergleich zu den anderen ausgestellten Waffen sehr alt und wurde von der russischen Armee bereits im Ersten Weltkrieg eingesetzt. Andererseits existiert ein Foto, das den sowjetischen Gardeobersergeanten G. S. Turunow mit gerade diesem Maschinengewehr im Kampfeinsatz zeigt.

In zwei Schaukästen sind Teile der Felduniform, Waffen und Ausrüstungsgegenstände eines Sowjetsoldaten ausgestellt. Die »Robaschka« eines einfachen Soldaten, ein Hemd von erdbrauner Farbe, aus derbem Material mit Bundkragen, wurde über dem Hosenbund getragen und mit dem Koppel umgürtet. Die rechteckige Koppelschnalle trägt den Sowjetstern. Die Schnallentasche wurde am Tragegurt über der rechten Schulter getragen. Sie enthielt nur zweierlei: Die »eiserne Ration« und Reservemunition. Die schmale Feldmütze mit dem Roten Stern wurde schräg nach rechts getragen. Sie ist heute noch bei der russischen Armee üblich. Die Mütze wurde straff auf den Kopf gezogen, damit der Stahlhelm daraufgesetzt werden konnte. Der topfartige Stahlhelm mit dem Roten Stern wurde erst 1940 neu entwickelt.

Bei der Erstürmung der Seelower Höhen im April 1945 trugen die Sowjetsoldaten zum Schutze gegen die Kälte die für die Rote Armee so typischen, erdbraunen Steppjacken. Sie waren hüftlang und mit Watte gepolstert. Eine solche Steppjacke fehlt allerdings in der Ausstellung. Die klobige Maschinenpistole 1941 (PP Sch) ist die neben dem Kalaschnikow-Maschinenkarabiner wohl bekannteste Waffe der Roten Armee.

Sie war im Zweiten Weltkrieg meist mit dem Trommelmagazin (70 Schuß) ausgestattet, später war das Stangenmagazin (35 Schuß) üblich. Die Feuergeschwindigkeit lag bei 140 Schuß in der Minute, eine bedeutende Feuerkraft. Die günstigste Schußentfernung lag bei höchstens 200 Metern, eher darunter. Die Maschinenpistole – von den Sowjetsoldaten »Balalaika« genannt – war eine Nahkampfwaffe. Das Kaliber beträgt 7,62 Millimeter, genau wie beim Karabiner 44, der mit seiner Visierschußweite von 2 000 Metern eine wirkungsvolle Waffe ist. Dennoch wird für letzteren die günstigste Schußweite mit 400 Metern angegeben. Die Waffe hat ein Magazin für 4 Patronen. Die Feuergeschwindigkeit für einen geübten Schützen betrug etwa 10 Schuß in der Minute. Das Gewehr konnte durch Aufsetzen eines dreikantigen Bajonetts zur Stichwaffe ergänzt werden.

Ebenfalls ausgestellt: die Eierhandgranate F1, nur 65 Gramm schwer. Die kleine Wurfgranate (115 Millimeter lang, Durchmesser 54 Millimeter) hat eine Splitterreichweite bei der Detonation bis zu 200 Meter. Die handliche Nahkampfwaffe war in der Roten Armee schon lange üblich, bis sie in ähnlicher Konstruktion bei der Deutschen Wehrmacht eingeführt wurde.

Auch eine leichte Wurfgranate ist ausgestellt – Kaliber 82 Millimeter. Sie wurde aus sog. Bataillonsgranatwerfern verschossen und wirkte bis 3 000 Meter Entfernung.

Gleich neben diesen beiden Schaukästen befinden sich zwei weitere, in denen Uniformteile und Waffen eines Soldaten der Deutschen Wehrmacht ausgestellt sind.

Gezeigt wird die Bluse eines Infanteristen, was an der weißen Paspellierung an den Schulterklappen erkenntlich ist. Das schwarz-weiß-rote Ordensband im zweiten Knopfloch weist den Schützen als Träger des Eisernen Kreuzes 2. Klasse aus. Das schwarze Verwundetenabzeichen auf der linken Brusttasche bedeutet, daß der Soldat schon einmal vom Feind verwundet worden ist. Die beiden Lederriemen rechts und links

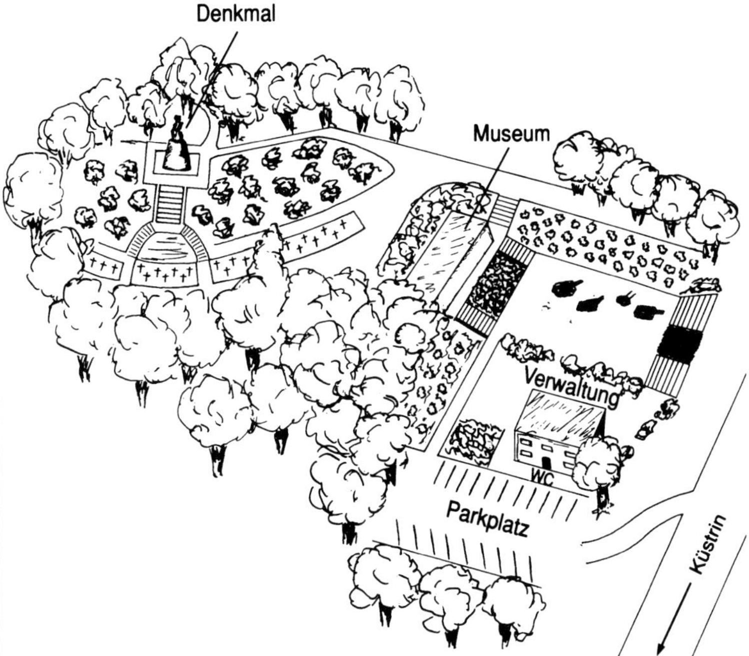

Gedenkstätte und Museum
"Seelower Höhen"

gehören zum sog. Tragegestell, das vorne rechts und links in einem Ring hinter den Patronentaschen eingehängt wurde. Auf dem Rücken laufen die beiden Schulterriemen in einem Ring zusammen, der durch einen weiteren Riemen unter das Koppel festgehakt wurde. Zur Winterausrüstung gehörte noch eine feldgraue Wattejacke mit Kapuze.

Die schirmlose Feldmütze dürfte aus früheren Zeiten stammen. Zuletzt trugen die deutschen Soldaten durchweg Mützen mit Griffschirm.

Die 2 x 3 Ledertaschen im unteren Teil des Schaukastens sind Patronentaschen, die rechts und links auf das Koppel aufgeschoben wurden. Jede Tasche enthielt zwei Ladestreifen mit jeweils fünf Patronen für den Standard-Karabiner 98k – also insgesamt 60 Schuß. 60 Schuß Munition gehörten zur Grundausstattung jedes Soldaten. Das war traditionell schon bei der preußischen Armee Friedrichs des Großen so.

Die Handgranate ganz unten ist keine deutsche Produktion – offenbar eine auf deutscher Seite eingesetzte Beutewaffe.

Der Stahlhelm im nächsten Schaukasten war Vorbild des neuen amerikanischen Stahlhelms, der erstmals im Wüstenkrieg im Irak eingesetzt wurde.

Der deutsche Stahlhelm wurde je nach Jahreszeit und Geländeumgebung mit Tarnfarben angestrichen oder mit einem Tarnnetz überzogen und mit Grasbüscheln versehen.

Die schwarze Panzerfaust links wurde erst 1944 entwickelt. Als Zieleinrichtung diente lediglich ein Klappvisier. Der Einsatz der Waffe war in jedem Fall risikoreich. Der Schütze mußte sich zum Visieren hoch aufrichten und bot so für den Gegner ein gut sichtbares Ziel. Die Panzerfaust war nur für kurze Schußentfernungen konzipiert. Beim Abschuß des Raketenkopfes wurde ein mehrere Meter langer Feuerstrahl ausgestoßen, der wiederum dem Gegner Orientierungsmöglichkeiten bot.

Die ausgestellte Maschinenpistole mit Stangenmagazin gleich daneben ist keine deutsche Standardwaffe. Offenbar stammt sie aus Beutebeständen.

Anders der Karabiner 98k. Die Standardwaffe der deutschen Armee wurde 1898 entwickelt, als »Gewehr 98« schon im Ersten Weltkrieg eingesetzt. Später wurde die Waffe mit erheblich verkürztem Lauf zum »Karabiner 98k« weiterentwickelt.

Das fünfschüssige Infanteriegewehr hatte – genau wie die Maschinengewehre 34 und 42 – das Kaliber 7,9 Millimeter. Es war auf 2 000 Meter einsetzbar. Die günstigste Schußentfernung lag jedoch bei 500 Metern. Der Karabiner 98k konnte durch das Aufsetzen des Seitengewehrs zur Stichwaffe ergänzt werden.

Es fehlt in der Ausstellung die Maschinenpistole 42 (Kaliber 9 mm), die bei den Abwehrkämpfen auf den Seelower Höhen häufig eingesetzt wurde. Das gleiche trifft für den wirkungsvollen Maschinenkarabiner 44 zu.

Im Museum befindet sich auch ein Modell des Befehlserdbunkers von Marschall Shukow auf dem Reitweiner Sporn, dazu kommen einige konservierte Original-Holzbalken aus dem Gefechtsstand.

Daneben ein Kuriosum: Die Hälfte eines in der Mitte durchgesägten Schreibtisches. Es ist Shukows Schreibtisch, an dem er die Pläne für den Endkampf um Berlin entwarf. Die zweite Hälfte befindet sich im Armeemuseum in Moskau.

In einem Nebenraum des Museums wird für die Besucher ein eindrucksvoller Videofilm über die Erstürmung der Seelower Höhen aus sowjetischer Sicht gezeigt (»Requiem für Millionen« – 22 Minuten).

Die Museumsleitung veranstaltet auch Dia-Vorträge in 13 Sprachen. Auf telefonische oder schriftliche Vorbestellung können für Reisegruppen sachkundige Führungen durch das Museum und die Außenanlagen vereinbart werden.

Es gibt außerdem gegen Voranmeldung die Dokumentarfilme »Das Jahr 1945« (90 Minuten) und »Die Befreiung Berlins« (35 Minuten).

Die Museumsleitung tut noch mehr: Neben einem umfangreichen Angebot an Souvenirs und Informationsschriften über die Geschichte des Oderbruchs und der Sehenswürdigkeiten der Umgebung gibt es kostenlose Beratung über Reise- und Wanderrouten sowie Empfehlungen für Restaurants und Übernachtungsmöglichkeiten.

Auf dem freien Platz vor dem Museum stehen auf Kunststeinplatten die wichtigsten Großwaffen der Roten Armee: Der legendäre mittlere Panzer T 34/85, der reaktive Geschoßwerfer BM 13 – besser bekannt als »Stalinorgel«, zwei Geschütze und ein Granatwerfer. Auch ein Flugabwehrscheinwerfer (Typ APM 90) ist ausgestellt. Wie bereits geschildert, hatten die sowjetischen Angreifer das Schlachtfeld mit 143 dieser Scheinwerfer ausgeleuchtet.

V. Kurzbiographien beteiligter Heerführer

»Busse«

Theodor Busse, General der Infanterie
geb.: am 15. Dezember 1897 in Frankfurt an der Oder.

Während des Ersten Weltkrieges gehörte er dem Grenadier-Regiment Nr. 12 an, wurde am 1. Dezember 1916 zum Leutnant befördert. Nach dem Krieg trat er zur Reichswehr über.

Er gehörte verschiedenen Infanterieregimentern an, wurde Oberleutnant und kam zum Stab der 5. Division in Stuttgart. Das war der Beginn seiner Generalstabslaufbahn.

Noch im Range eines Obersten kam er im Zweiten Weltkrieg als 1. Generalstabsoffizier zu der Heeresgruppe des Generalfeldmarschalls von Manstein.

Er hatte Anteil an den Kämpfen um die Krim. Im Winterfeldzug 1942/43 war er am Don, am Donez und am Dnjepr eingesetzt.

1943 wurde er Chef des Generalstabes der Heeresgruppe von Manstein im Süden der Ostfront.

Am 1. Mai 1943: Generalmajor.

Am 1. September 1943: Generalleutnant.

Von Juli bis August 1944 war er Kommandeur der 121. Infanterie-Division in Kurland. Danach war er bis 19. Januar 1945 Kommandierender General des I. Armeekorps während der Abwehrschlachten in Kurland. General der Infanterie wurde Busse am 1. November 1944. Vom 21. Januar 1945 bis Ende des Krieges führte er die 9. Armee im Endkampf um Berlin.

Er ist Träger des Eisernen Kreuzes I. und II. Klasse, erhielt die Spangen zu EK I und EK II, das Deutsche Kreuz in Gold, das Ritterkreuz und verschiedene Orden der damals Verbündeten.

Im Juni 1956 erstellte er gemeinsam mit Generalfeldmarschall von Manstein, dem ehemaligen Generaloberst Reinhardt und General Six Gutachten zur Wehrpflicht und der strategischen Gesamtkonzeption der Bundeswehr vor dem Verteidigungsausschuß des Deutschen Bundestages. Er

legte dar, daß eine wirksame Verteidigung der Bundesrepublik Deutschland ohne allgemeine Wehrpflicht nicht aufzubauen sei.
Von 1950 bis 31. 12. 1965 war der ehem. General ständiger Berater des Bundesinnenministers für die Zivilverteidigung.
Am 1. Januar 1966 trat Theodor Busse in den Ruhestand und wurde mit dem Großen Verdienstkreuz der Bundesrepublik mit Stern ausgezeichnet.

»Heinrici«

Gotthardt Heinrici, Generaloberst
geb.: 25. Dezember 1886 als Pfarrerssohn in Gumbinnen (Ostpreußen).

1905 Offizier in einem Thüringischen Infanterieregiment.

Im Ersten Weltkrieg war Heinrici Generalstabsoffizier einer Division.

1919 wurde er in die Reichswehr übernommen und wiederum im Generalstab eingesetzt.

Im Zweiten Weltkrieg führte er das VIIL. Armeekorps im Kampf um Moskau, später die 4. Armee und danach die 1. Panzerarmee in den Karpaten.

Er galt als zurückhaltender, nüchtern denkender Soldat.

Am 20. März 1945 wurde Heinrici vom damaligen Chef des Generalstabes Guderian – kurz vor dessen dramatischem Sturz – zum Nachfolger Himmlers als Oberbefehlshaber der Heeresgruppe »Weichsel« ernannt.

Zu diesem Zeitpunkt waren die deutschen Einheiten schon zur Hälfte vernichtet, die Sowjets standen zwischen Frankfurt an der Oder und Küstrin auf dem Westufer der Oder. Himmler hatte sich als unfähig erwiesen. Heinrici erkannte die Ausweglosigkeit der Lage und wollte sinnlose Opfer von Soldaten und der Zivilbevölkerung so gut es ging vermeiden. Dabei kam es mit Generalfeldmarschall Keitel vom Oberkommando der Wehrmacht zu lautstarken Szenen, wie sie zwischen deutschen Offizieren für unmöglich gehalten wurden.

Die Folge war, daß Heinrici am 28. April 1945 abgesetzt wurde.

Er verbrachte seinen Lebensabend in Baden-Württemberg.

Heinrici starb – 84jährig – am 13. Dezember 1971.

»Himmler«

Heinrich Himmler, Reichsführer SS und nationalsozialistischer Politiker
geb.: am 7. Oktober 1900 in München.

Himmler war Diplomlandwirt. 1917 ging er freiwillig zur Armee.

Er gehörte dem Kreis der Artamanen an, einem völkischen, alles Bäuerliche verherrlichenden Zweig der bündischen Jugend.

1923 nahm er in München am Hitler-Putsch teil und wurde Mitarbeiter Gregor Strassers.

1925 trat er in die wiedergegründete NSDAP ein und wurde stellvertretender Gauleiter von Niederbayern.

1926 wurde er stellvertretender Propagandaleiter und bereits am 6. Januar 1929 Reichsführer SS, einer Hitler persönlich verpflichteten Eliteformation der SA.

Nach der Machtergreifung Hitlers 1933 wurde er Polizeipräsident von München und organisierte zusammen mit R. Heydrich die Politische Polizei in allen deutschen Ländern.

Am 20. April 1934 ernannte Reichsmarschall Hermann Göring Himmler zum stellvertretenden Chef der Gestapo im Land Preußen.

Es gelang ihm, die gesamte Polizeigewalt im Deutschen Reich unter neuer Führung zu vereinigen.

Am 17. Juni 1936 wurde er Staatssekretär im Innenministerium und Chef der gesamten deutschen Polizei.

Am 30. Juni 1934 hatte Himmler entscheidend bei der Ausschaltung der SA im »Röhm-Putsch« und bei der Beseitigung von Gegnern der Nationalsozialisten mitgewirkt. Fortan unterstand die SS nicht mehr der SA. Die SS wurde unter Himmlers Führung Hitler direkt unterstellt.

Himmlers Zielsetzung: Die SS soll den elitären Menschentypen des Deutschen Reiches repräsentieren und unter Einhaltung strenger Rassengesetze zum »Orden« ausgeformt werden.

Seine privaten Neigungen schlugen sich in einem fanatischen Germanenkult nieder. Er befaßte sich mit medizinischen Fragen von der Anlage von Heilkräuterkulturen bis zu Menschenversuchen. Für Okkultismus hatte er eine Vorliebe.

Er schuf Institute, die sich mit »Ahnenerbe« und Förderung des Nachwuchses im Sinne von Hitlers Rassenidealen befaßten (Lebensborn e. V.). Für die Bewachung in Konzentrationslagern wurden SS-Totenkopfverbände gegründet.

Aus einer eigenen SS-Verfügungstruppe wurde die Waffen-SS gebildet, die einen selbständigen Truppenkörper neben der deutschen Wehrmacht darstellte.

Himmler wurde am 7. Oktober 1939 Reichskommissar für die Festigung des deutschen Volkstums und organisierte Umsiedlung und Zwangsgermanisierung in Ost- und Südosteuropa.

Himmler war auch entscheidender Organisator der Judenvernichtung. Am 25. August 1943 wurde Himmler Reichsinnenminister und Generalbevollmächtigter für die Reichsverwaltung. Nach dem gescheiterten Attentat auf Hitler am 20. Juli 1944 ernannte ihn Hitler zum Oberbefehlshaber des Ersatzheeres und Chef der Heeresrüstung.

In der letzten Phase des Krieges versagte er als Befehlshaber von zwei Heeresgruppen und wurde abberufen.

Im Frühjahr 1945 organisierte er »Volkssturm« und »Werwolf«, um mit einem letzten Aufgebot die militärische Niederlage aufzuhalten.

Er verhandelte mit Vertretern internationaler, jüdischer Organisationen um die Befreiung von Juden gegen die Lieferung von Lastwagen.

Erfolglos blieben seine Bemühungen, über Verbindungen zu dem schwedischen Grafen Folke Graf Bernadotte eine Kapitulation der Wehrmacht im Westen zu erreichen, um den Krieg im Osten fortsetzen zu können. Im April 1945 wird er von Hitler aller Ämter enthoben und aus der Partei ausgestoßen.

Er geriet unerkannt in britische Gefangenschaft und endete am 23. Mai 1945 durch Selbstmord.

»Konew«

Iwan Stepanowitsch Konew, Marschall der Sowjetunion
geb.: am 28. Dezember 1897 im Dorf Lodeino bei Nikolski, nordwestlich von Kirow.

Er war Sohn eines armen Bauern und besuchte die Volksschule nur kurz, weil er mit 12 Jahren schon sein Brot verdienen mußte.

1916 – 1917 war er Soldat in der zaristischen Armee, wurde 1918 Bolschewist und zeichnete sich bei der Niederschlagung eines antikommunistischen Bauernaufstandes aus.

Er war Kommissar des Panzerzuges 102 im Bürgerkrieg, kämpfte entlang der transsibirischen Eisenbahn gegen die Koltschak-Truppen, die tschechische Legion, später gegen die Japaner und marodierende Kosaken des Generals Semjonow.

Unter General Tuchatschewski war er 1921 an der Niederschlagung des Aufstandes der Kronstädter Matrosen beteiligt.
1934 wurde er Korpskommandeur in der Ukraine und besuchte dann die Frunse-Militärakademie in Moskau.

Er lernte Deutsch und Englisch im Selbststudium.

1934 war er Kommandeur der Fernostarmee, erfreute sich der Gunst Stalins. Das sicherte ihm raschen militärischen Aufstieg.

1938 wurde er Kandidat des ZK.

Im Winterfeldzug gegen Finnland tat er sich hervor und wurde zum Generaloberst befördert.

Im Zweiten Weltkrieg gebot er den deutschen Panzern vor Moskau Halt. Im Dezember 1941 eroberte er Kalinin zurück. Er übernahm das Oberkommando über die »Steppenfront«. Im Sommer 1943 trat er südlich Kursk zum Gegenangriff an. Die deutsche Front mußte auf den Dnjepr zurückgenommen werden.

Im August 1943 führte er die 2. Ukrainische Front. Im Februar 1944 gelang ihm bei Tscherkassy die Einkesselung von zwei deutschen Armeekorps, wofür er zum Marschall befördert wurde. Mit seiner Heeresgruppe stieß er dann durch Bessarabien zur rumänischen Grenze vor.

In der Endphase des Krieges hatte er den Oberbefehl über die 1. Ukrainische Front, stieß durch Südpolen zwischen Warschau und Krakau nach Westen vor.

Aus dem Brückenkopf Baranow trat er am 12. Januar 1945 als erster zum entscheidenden Angriff auf Deutschland an. Er belagerte die zur Festung erklärte Stadt Breslau. Im April 1945 erreichte er mit seinen Truppen die

Elbe und unterstützte danach den Angriff der Einheiten Shukows auf Berlin.

Konew wurde hoch dekoriert: zweimal Held der Sowjetunion, sechsmal Leninorden, dreimal Rotbannerorden.

1945 und 1946 war er im Alliierten Kontrollrat für Österreich zuständig. Danach wurde er Nachfolger Shukows als Oberkommandierender der Landstreitkräfte der UdSSR.

Im Dezember 1953 war er Vorsitzender des Sondergerichts, das den sowjetischen Geheimdienstchef Berija zum Tode verurteilte.

Gleich danach wurde er ZK-Mitglied.

Als am 13. Mai 1955 der Warschauer Pakt geschlossen wurde, wurde er dessen erster Oberkommandierender. Im Juli 1960 wurde er krankheitshalber von Marschall Gretschkow abgelöst.

Am 10. August 1961 – drei Tage vor dem Mauerbau – wurde er neuer Oberbefehlshaber der sowjetischen Truppen in der DDR. Diesen Posten gab er 1962 an Generaloberst Jakubowski ab. Danach war er Generalinspekteur im Verteidigungsministerium.

Er starb am 21. Mai 1975 77jährig in Moskau.
Er wurde an der Kremlmauer beigesetzt.

»Shukow«

Georgij Konstantinowitsch Shukow, Marschall der Sowjetunion
geb.: am 1. Dezember 1896 in Stelkowo, Gebiet Kaluga (Mittelrußland).

Shukow war Sohn eines Schusters und erlernte das Kürschnerhandwerk. 1915 wurde er zu einem Dragonerregiment der zaristischen Armee gemustert und eingezogen. Er wurde zum Fähnrich befördert und zweimal mit dem St.-Georgs-Kreuz ausgezeichnet.

Nach der Revolution von 1917 trat er 1918 in die Rote Armee ein und wurde 1919 Mitglied der Kommunistischen Partei der Sowjetunion (KPdSU).

Im Bürgerkrieg brachte er es zum Regimentskommandeur. Er besuchte die Frunse-Kriegsakademie und nahm 1928 an Kursen der deutschen Heeresleitung für sowjetische Generalstabsoffiziere teil.

Danach brachte ihn ein Kommando in den Fernen Osten, und er wurde im Kampf gegen die Japaner Armeebefehlshaber.

1939 wurde er zum Helden der Sowjetunion erklärt; in späteren Jahren erhielt er insgesamt sechs Lenin-Orden.

Im Juni 1940 nahm er an der Besetzung Bessarabiens teil und wurde zum Armeegeneral befördert.

Von Februar bis Juli 1941 war er Chef des Generalstabes. Von August 1941 bis 1945 diente er als Frontoberbefehlshaber und Stellvertreter des Oberkommandierenden.

Ab Herbst 1941 hatte Shukow den Oberbefehl über die mittlere Front der Roten Armee. Im Winter 1941/1942 brachte er den Vormarsch der deutschen Armeen vor den Toren Moskaus zum Stehen. 1942 wurde er Marschall der Sowjetunion.

Er war maßgeblich an der Schlacht um Stalingrad beteiligt, die später Marschall Wassilewski leitete.

Danach übernahm Shukow den Oberbefehl über die 1. und 2. Ukrainische, die 2. Weißrussische und die Leningrad-Wolchow-Front.

1944 führte er die 1. Weißrussische Front zum Stoß gegen Deutschland. Unter schweren und verlustreichen Kämpfen drängte er die deutschen Truppen über die Oder und eroberte Berlin.

Am 8. Mai 1945 nahm er die bedingungslose Kapitulation der deutschen Wehrmacht entgegen.

1945 und 1946 hatte Shukow Sitz und Stimme im Alliierten Kontrollrat. Er wurde erster Oberbefehlshaber der sowjetischen Besatzungstruppen und Leiter der sowjetischen Militärverwaltung der Besatzungszone (SBZ) in Deutschland, Sitz: Berlin-Karlshorst.

Am 22. März 1946 wurde er von Marschall Sokolowski abgelöst.

Von 1946 bis 1953 war Shukow Chef der sowjetischen Landstreitkräfte, dann Leiter der Militärbezirke von Odessa und den Uralgebieten.

Seit 1950 war Shukow im Obersten Sowjet, seit 1953 Mitglied des Zentralkomitees der KPdSU.

Nach Stalins Tod im März 1953 wurde Shukow Verteidigungsminister (bis 1957).

Er begleitete Ministerpräsident Bulganin zur Genfer Gipfelkonferenz (1956), führte vertrauliche Gespräche mit US-General Eisenhower.

1957 unterstützte Shukow Chruschtschow bei der Ausschaltung der Führungsgruppe um Malenkow und Molotow und wurde dafür Vollmitglied des Präsidiums.

Völlig überraschend mußte Shukow von einer Reise nach Jugoslawien und Albanien zurückkehren und wurde Ende Oktober 1957 auf Chruschtschows Veranlassung vom Posten des Verteidigungsministers entfernt und kaltgestellt.

Der Vorwurf gegen ihn: Selbstherrlichkeit und Personenkult, Behinderung der Parteiarbeit in der Armee und Verletzung der »Leninschen Prinzipien«.

Erst nach Chruschtschows Tod im Oktober 1964 taucht sein Name wieder auf. Nach langer Abwesenheit durfte Shukow am 8. Mai 1965 wieder auf der Ehrentribüne neben den Spitzen von Partei, Regierung und Armee erscheinen.

1969 veröffentlichte er seine Memoiren »Erinnerungen und Gedanken«, in denen der längst entthronte Stalin gut wegkommt.

Shukow war mit einer Militärärztin verheiratet und hat zwei Töchter. Er starb am 18. Juni 1974 77jährig in Moskau, nachdem er 1968 einen Schlaganfall erlitten hatte und partiell gelähmt war.

Er wurde an der Kremlmauer beigesetzt.

»Tschuikow«

Wassilij Iwanowitsch Tschuikow, Marschall der Sowjetunion
geb.: 12. Februar 1900 in Serebrjanyje Prudy bei Tula.

Er ging in die Schlosserlehre und kam 1917 zur Roten Flotte, ging dann zur Armee.

Nach mehreren Lehrgängen wurde er Regimentsadjutant. In den Kämpfen gegen die Weißgardisten unter Admiral Koltschak hat er sich mehrfach ausgezeichnet.

Auch im sowjetisch-polnischen Krieg zeichnete er sich aus. Beim Rückzug wurde er 1920 bei Warschau verwundet.

Nach dem Bürgerkrieg besuchte er die Frunse-Militärakademie, wo er sich besonders qualifizierte.

1938 übernahm er das Kommando über ein Panzerkorps in Weißrußland. 1939 nahm er als Oberbefehlshaber der 4. Armee an der Besetzung der ehemals polnischen Gebiete West-Weißrußlands teil.

Im Winterkrieg gegen Finnland kämpfte er in Nord-Karelien.

1941 bis 1942 war er Militärattaché und militärischer Berater bei Tschiang Kai-schek in China. Nach Moskau zurückbeordert, wurde er erst Kommandeur der 64., dann Oberbefehlshaber der 62. Armee, nahm am Kampf um Stalingrad teil, trug dabei entscheidend zum Sieg der Roten Armee bei.

Verschiedene Kommandos führten ihn über die Schlachtfelder am Donez und Dnjepr, auf der Krim und in der Ukraine, in Weißrußland und Westpolen zum Oder-Weichsel-Bogen.

Unter Marschall Shukow war er an der Eroberung Berlins beteiligt. Am 1. Mai 1945 nahm er das Verhandlungsangebot des letzten Chefs des deutschen Generalstabes im Schulenburgring 2 (Berlin-Tempelhof) entgegen.

Von 1949 bis 1953 war er Oberkommandierender der Gruppe der sowjetischen Streitkräfte in Deutschland.

Tschuikow wurde 1955 Marschall der Sowjetunion.
Von 1960 bis 1964 war er dann Oberkommandierender der Landstreitkräfte der UdSSR. Danach leitete er die Zivilverteidigung der Sowjetunion.

1972 trat er dann aus Altersgründen zurück.

1975 veröffentlichte er sein Stalingrad-Buch »Die Schlacht des Jahrhunderts« und erregte damit Aufsehen. Entgegen der Meinung deutscher Historiker hielt der Sowjetmarschall Hitlers Durchhaltebefehl an der Wolga für strategisch richtig.

Er wurde zweimal als Held der Sowjetunion ausgezeichnet und war Inhaber mehrerer Leninorden.

Er starb nach langer Krankheit kurz nach Vollendung seines 82. Lebensjahres am 18. März 1982 in Moskau. Auf seinen Wunsch wurde er in Wolgograd (früher Stalingrad) beigesetzt.

VI. Zeitgenössische Berichte zum Kampfgeschehen

Aufzeichnungen des Unteroffiziers Averdieck vom Panzergrenadier-Regiment 90:

»Es folgten nun einige ruhigere Tage (28. 3. – 1. 4.), bedingt durch das diesige Wetter. Vereinzelte Luftangriffe bei Tag und Nacht, auch mit Phosphor, und das Einschießen der russischen Artillerie mit Nebelgranaten ließen auf Angriffsabsichten schließen. Es wurden daher zum Ostersonntag besondere Stellungen bezogen. Der erwartete Angriff blieb jedoch aus. Wir hatten den Gefechtsstand auf einen großen Hof, den Annahof (nordwestlich von Neu Tucheband) verlegt. Vom 1. – 13. April verlebten wir auf ihm durchweg ruhige Tage. Mehrfach schoß der Russe noch mit Nebelgranaten.

Bei einem Besuch beim I. Bataillon hatte ich Gelegenheit, mir das russisch besetzte Gelände und die Stelle, an der damals das feindliche Vordringen (27. März) gestoppt wurde, anzusehen. Etwa 50 bis 60 T-34 standen abgeschossen auf engem Raume.

Ich hörte sehr viel Radio, neben schönen Opernsendungen auch die katastrophalen Nachrichten von der Westfront.

Reichsmarschall Göring fuhr einmal vorbei, um eine uns benachbarte Fallschirmjägerdivision zu besuchen. Aufrufe und Befehle kamen, die Ostfront um jeden Preis zu halten, die Stellungen, Gefechtsstände und Troßräume bis zum letzten Mann zu halten.

In diesen Tagen schlugen sich 600 Mann aus der Festung Küstrin zu uns durch, durch eigene Artillerie noch schwere Verluste erleidend. Dann wurde uns an den letzten Abenden noch etwas ganz Neues geboten: Unter heftigem Feuer der Sowjets erschien eine Ju 88, auf der eine Jagdmaschine saß. Plötzlich löste sich die untere Maschine und ging im Sturzflug ins Ziel. Eine gewaltige Explosion folgte. Mit Sprengstoff gefüllt, wurden so die Bombenflugzeuge, für die kein Sprit mehr vorhanden war, zweckvoll verwertet. 'Vater und Sohn' tauften die Landser diese Erscheinung.«

General Bokow (5. Stoßarmee) in einem Gefechtsbericht über den 16. April:
»Am Abend des 16. April analysierten der Armeebefehlshaber und die Mitglieder des Kriegsrates die Ergebnisse des ersten Angriffstages. Die 5. Stoßarmee hatte an diesem Tag in hartnäckigen Gefechten den gegne-

rischen Hauptverteidigungsstreifen durchbrochen und den Einsatz der 2. Gardepanzerarmee sichergestellt. Das hieß natürlich nicht, daß bei uns alles reibungslos verlaufen wäre. Wie die Analyse zeigte, hatte es in der Gefechtstätigkeit einiger Verbände und Truppenteile wesentliche Mängel gegeben. So vermochten es einige Kommandeure nicht, aktiv auf dem Gefechtsfeld zu manövrieren. Statt die Stützpunkte mit den Hauptkräften zu umgehen und deren Liquidierung den zweiten Staffeln zu überlassen, ließen sie sich häufig auf langwierige frontale Gefechte ein und verzögerten dadurch ihr Angriffstempo.

Hinzu kam, daß unsere Aufklärer während der Angriffsvorbereitung nicht das gesamte gegnerische Feuersystem aufgeklärt hatten und es deshalb während der Artillerievorbereitung nicht gelang, es völlig niederzuhalten. Außerdem erhielten bei Angriffsbeginn nicht alle Schützentruppenteile eine ausreichende Artillerieunterstützung. Mängel in der pioniertechnischen Sicherstellung hatten zur Folge, daß Panzer und Artillerie hinter der Infanterie zurückblieben und sich so der Einsatz der zweiten Staffel verzögerte.

Ernste Mängel wurden auch bei der Einführung der Panzerarmee festgestellt. Ihr Zusammenwirken mit der 5. Stoßarmee war nicht immer exakt und effektiv genug.«

Generaloberst Tschuikow, Befehlshaber der 8. sowjetischen Gardearmee, in seinen Memoiren:

»Unsere Schützentruppen und Panzer kamen hinter der Feuerwalze die ersten 2 Kilometer zwar langsam, aber erfolgreich voran. Als dann jedoch Bäche und Kanäle den Weg versperrten, blieben die Panzer und Selbstfahrlafetten zurück. Das Zusammenwirken von Artillerie, Schützeneinheiten und Panzern war gestört. Die zeitlich genau auf das Vorgehen der Schützen abgestimmte Feuerwalze mußte gestoppt werden, und die Artillerie erhielt den Auftrag, den Angriff der Infanterie und Panzer durch aufeinanderfolgendes zusammengefaßtes Feuer zu unterstützen. Als es hell wurde, begann der Gegner sogar, mit intakt gebliebenen Geschützen und Granatwerfern die Straßen zu beschießen, auf denen unsere Truppen und vor allem unsere Kampftechnik in dichten Kolonnen vorwärtsdrängten. In einigen Regimentern und Bataillonen ging die Führung verloren. All das wirkte sich auf das Angriffstempo aus.

Besonders hartnäckigen Widerstand leistete der Gegner am Hauptkanal, der sich vor den Seelower Höhen durch die Niederung windet. Das Frühjahrshochwasser hatte den Kanal für unsere Panzer und Selbstfahrlafetten unüberwindbar gemacht. Die wenigen Brücken lagen unter dem Feuer deutscher Artillerie und Granatwerfer aus dem Raum hinter den Höhen sowie unter Direktbeschuß eingegrabener, gut getarnter Panzer und Selbstfahrlafetten.

An diesem Streifen kam es zu erheblichen Verzögerungen, da die Truppen warten mußten, bis die Pioniere Brücken und Stege geschlagen hatten. Irgendwelche Manöver mit Kraftfahrzeugen und Panzern waren ausgeschlossen; die Straßen waren verstopft, und Fahrten durch das versumpfte Gelände und die verminten Felder verboten sich von selbst.

Hier gebührt unseren Fliegern ein Dank. Die Bomben-, Jagd- und Schlachtfliegerkräfte beherrschten den Luftraum über dem Gefechtsfeld und bekämpften auch die Artillerie in der Tiefe der gegnerischen Verteidigung erfolgreich.

Endlich war der Hauptkanal überwunden. Wir konnten zum Sturm auf die Seelower Höhen antreten.

Um die Mittagszeit hatte die 8. Gardearmee schließlich die ersten beiden Stellungen des Gegners durchbrochen und näherte sich der dritten. Es war jedoch unmöglich, diese aus der Bewegung herauszunehmen. Die Seelower Höhen fallen zur Oderniederung so steil ab, daß unsere Panzer und Selbstfahrlafetten sie nicht bezwingen konnten und flachere Hänge suchen mußten. Solche Stellen gab es an den Straßen nach Seelow, Friedersdorf und Dolgelin, doch dort hatte der Gegner starke Verteidigungsstützpunkte geschaffen.

Sie konnten nur durch starkes, treffsicheres Artilleriefeuer bezwungen werden. Dazu mußte unsere Artillerie näher an die Seelower Höhen herangeführt werden.

Ich befahl, die Artillerie heranzuziehen, das Zusammenwirken von Schützen, Panzern und Artillerie zu organisieren und um 14.00 Uhr nach einem zwanzigminütigen Feuerüberfall Richtung Seelow, Friedersdorf und Dolgelin anzugreifen und die Seelower Höhen zu erstürmen.«

Bericht des Unteroffiziers Averdieck aus seiner Beobachtungsstelle auf den Seelower Höhen südlich von Werbig vom 16. April:

»Noch gegen Mittag ist die Lage im Regimentsabschnitt undurchsichtig. Die Reste der Einheiten, die uns zuletzt abgelöst hatten, sind inzwischen in unseren Stellungen aufgefangen worden. Dem Gefechtslärm und den spärlichen Meldungen nach, ist der Feind schon links und rechts an uns vorbei. Als sowjetische Infanterie vor unseren Linien erscheint, verlassen die Landser unerklärlicherweise den Graben, so daß der Feind ungehindert auf die Höhe gelangt. Durch zusammengeraffte Kräfte wird er bis zur Hälfte wieder heruntergeworfen und die Stellung über Nacht gehalten.«

Erinnerungen des Kanoniers Hans Hansen von der 1. Batterie der Leichten Flakabteilung 755 (östlich einer Position bei Friedersdorf) zum 16. April:

»Bis in den anbrechenden Morgen hinein ging dieses infernalische Höllengewitter. Die Strahlen der aufgehenden Frühlingssonne vermochten den dichten Schleier von Staub, Rauch und Dunst nicht zu durchdringen, der an diesem Morgen über dem Land an der Oder lag. Es herrschte ein merkwürdiges Zwielicht, als wir es beim Abflauen des Feuers wagten, den Kopf aus dem Loch zu stecken. Aber Ruhe gab es nicht. Das Trommelfeuer war erst ein Vorspiel des Schreckens gewesen. Den nächsten Akt gestalteten die russischen Schlachtflieger, die, unwirklichen Schatten gleich, in dichten Schwärmen den Staub- und Qualmschleier durchstießen und Tod und Verderben spieen auf alles, was sich noch regte. Eine Welle nach der anderen griff unsere Stellung an. Wir wehrten uns mit einer verbissenen Wut, die zum Teil aus der Angst erwachsen war, und haben wohl sogar noch einen Abschuß erzielt, während unserem Zug zu dem Zeitpunkt eigene Verluste noch erspart blieben.

Nächster Akt: Wir werden von Granatwerfern und Stalinorgeln unter Beschuß genommen, vorne in einer Buschreihe beginnen russische MGs zu hämmern, und die Reste der Infanterie aus der vorderen Linie ziehen sich zurück. Auch wir bekommen den Befehl, uns abzusetzen. Die Geschütze müssen wir zurücklassen, da keine Möglichkeit zum Abtransport besteht.

Ein Stück weiter hinten, entlang der Bahnlinie Dolgelin – Seelow, wurde aus den Resten der zerschlagenen und zersprengten Einheiten eine neue Verteidigungslinie aufgebaut, in die auch wir geschützlosen Flaksoldaten eingegliedert wurden. Das Gelände war günstig. Die Bahnlinie führte als Einschnitt durch einen Hügel. Von der Oberkante hatte man ein gutes Schußfeld auf das östlich liegende Gelände, und auf der Sohle des Einschnittes fanden wir etwas Schutz vor dem Artilleriefeuer. Kaum hatten wir uns provisorisch eingerichtet, als auch schon die zweite Welle des russischen Angriffs begann. Wir schossen, was die Karabiner und Maschinengewehre hergaben, unterstützt von den drei Geschützen unseres 1. Zuges, die direkt hinter der Bahnlinie standen und mit waagerecht gestellten Rohren in den Erdkampf eingriffen. Der russische Angriff blieb vor unserer Stellung liegen. Doch damit gab der Russe sich natürlich nicht zufrieden. Russische Schlachtflieger flogen die Bahnlinie auf und ab und überschütteten alles mit einem Eisenhagel. Dann, kurz nach Mittag, setzte ein zweites Trommelfeuer ein. Unsere Verluste waren sehr schwer. Die Verteidigungslinie wurde bedenklich dünn. Zu unserer Unterstützung fuhren jetzt einige Panzer auf.

Irgendwann brach das Artilleriefeuer ab, und aus der Dunstglocke, die wieder wie am Morgen über dem Land lag, tauchten die russischen Sturmtruppen unmittelbar vor unserem Bahneinschnitt auf und griffen mit ihrem heiseren 'Urrä, urrä!' an. Es ging jetzt hart auf hart. Wir setzten uns zäh und verbissen zur Wehr, und es gelang uns tatsächlich, auch diesen Angriff zum Erliegen zu bringen, wenn auch unter schweren eigenen Verlusten. Wir Luftwaffenhelfer bekamen dann den Befehl, uns unter dem Schutz der Dunkelheit abzusetzen. Wir sammelten uns im brennenden Friedersdorf und übernachteten ein paar km weiter hinten in einem Bunker bei Lietzen. Von den etwa 50 Luftwaffenhelfern, die mir persönlich und namentlich bekannt waren, sind an diesem Tag sieben gefallen, acht wurden verwundet.«

VII. Chronik der Ereignisse

12. 01. 45	Die Rote Armee hat ihre Winteroffensive begonnen
31. 01. 45	Spitzen der Roten Armee überqueren bei Kienitz die Oder, sie erreichen Küstrin und bilden bei Kienitz einen Brückenkopf
01. 02. 45	Deutscher Gegenangriff auf den sowjetischen Brückenkopf bei Kienitz
02. 02. 45	Beginn des Aufbaus einer Verteidigungslinie entlang der Oder durch die Heeresgruppe Weichsel
04. 02. 45	Ausbau der Stellungen entlang der Oder und Evakuierung der Zivilisten in einem 15 km breiten Streifen
22. 03. 45	Einschließung Küstrins durch die Rote Armee
23. 03. 45	Angloamerikanische Offensiveinheiten überqueren den Rhein. Die deutsche Westfront gerät ins Wanken
März 45	Stalin berät mit seinem Generalstab die Angriffspläne: Angriff auf das Zentrum des Deutschen Reichs auf keinen Fall später als 16. 04. 45. Der Schwerpunkt der Offensive liegt bei der 1. Bjelorussischen Front unter Marschall Shukow
Ende März 45	Vereinigung der 1. Bjelorussischen, der 1. Ukrainischen und der 2. Bjelorussischen Front
28. 03. 45	Endgültiges Scheitern des Entsatzes von Küstrin
29. 03. 45	Die Festung Küstrin wird von der Sowjetarmee erobert
14. 04. 45	Gewaltsame Aufklärung der Sowjetarmee vor den Seelower Höhen
15. 04. 45	Die deutschen Truppen gehen auf die vorbereitete Großkampflinie an der Oder zurück
16. 04. 45	Um 3.50 Uhr beginnt die Großoffensive der Roten Armee
18. 04. 45	Die Seelower Höhen wurden von den sowjetischen Angriffstruppen auf der ganzen Linie gestürmt
20. 04. 45	An Hitlers 56. Geburtstag werden letzte Reserven eingesetzt. Der Kampf um Berlin beginnt
21. 04. 45	Konews Panzer erreichen bei Stahnsdorf den südlichen Stadtrand von Berlin

29. 04. 45	Um 4 Uhr früh unterschreibt Hitler sein Testament
29./ 30. 04. 45	Letzte Lagebesprechung im Führerbunker, Hitler erschießt sich anschließend.
30. 04. 45	Um 6.30 Uhr kapituliert die Berliner Garnison unter General Weidling bedingungslos
08. 05. 45	Endgültige Kapitulation der Deutschen Wehrmacht. Ende des Zweiten Weltkrieges in Europa
27. 11. 45	Die Gedenkstätte Seelower Höhen wird eingeweiht. Der sowjetische Bildhauer Professor Lew Kerbel schuf das Denkmal
1972	Das Antikriegsmuseum Seelower Höhen wird eröffnet
1985	Erweiterung des Museums
1993	Neubearbeitung der Schautafeln und der Ausstellungsteile

VIII. Gräberliste Landkreis Seelow

Orte	Vorhandene Gräber bekannter deutscher Soldaten (Stand um 1955)	Vorhandene Gräber unbekannter deutscher Soldaten (Stand um 1955)	Noch vorhandene Einzelgräber/ Tote im Massengrab (Stand 1992)	Anmerkungen zur jüngsten amtlichen Erfassung vom Herbst 1992
Altbarnim	3			*)
a) Großbarnim	2			*)
b) Kleinbarnim	3			*)
Altfriedland	33	26	0/5	
a) Buschdorf	1			*)
b) Gottesgabe	7			*)
c) Marienfeld	1			*)
d) Neufriedland	2			*)
Alt Malisch	22	1	3/7	
Alt Tucheband	31	5	5/15	
a) Neu Tucheband	31	5		*)
Alt Zeschdorf	35	66	32/25	
a) Hohenjesar	6	1	0/0	aber Gräber vom 1. WK
b) Neu Zeschdorf	1	1		*)
Bleyen	8	1		*)
a) Alt Bleyen	39	1		*)
b) Neu Bleyen	17			*)
c) Neuschaumburg	1			*)
Booßen	17	1		*)
a) Wilhelmshof	1			*)
Buschdorf	20			*)
Carzig	34			*)
Diedersdorf	60	3	ca. 60	
a) Neuentempel	7	15		*)
Döbberin	22	21	25/20	
Dolgelin	68	1	1/31	Meldung unkorrekt
Falkenhagen	45	26		*)
a) Georgental	1			*)
Friedersdorf	31		2/ca. 30	
Friedrichsaue	7			*)
Genschmar	64	2		unzuverlässige Meldung
a) Henriettenhof	1			*)
b) Nieschen	2			*)
Gieshof-Loose	32	3		*)
Golzow	97	1	14/80	
a) Neuhof	1			*)
Gorgast	217	119	0/150	**)
Groß Neuendorf	96	67	0/91	
Gusow	124	3	94/21	
a) Karlshof	1			*)
Hathenow	11			*)
Jahnsfelde	8	40	0/16	
Kiehnwerder			2/2	
a) Neu Rosenthal	2			*)
Kienitz	45			*)
Klein Neuendorf	2			*)

Orte	Vorhandene Gräber bekannter deutscher Soldaten (Stand um 1955)	Vorhandene Gräber unbekannter deutscher Soldaten (Stand um 1955)	Noch vorhandene Einzelgräber/ Tote im Massengrab (Stand 1992)	Anmerkungen zur jüngsten amtlichen Erfassung vom Herbst 1992
a) Posedin				*)
Küstrin-Kietz	205	11	7/ca. 200?	
a) Kuhbrücke	12			*)
Lebus	264	75	31/ca. 190?	
Letschin	192	3	0/188	
Libbenichen	93	4	0/52	Angaben unkorrekt
Lietzen	460	131	528/?	
Mallnow	127	20		*)
Manschnow	15	1	0/0	
Marxdorf	5			*)
Neuhardenberg	621	124	2/45	Rest nach Wulkow/ Booßen umgeb.
Neubarnim	73	2	0/42	
Neu Mahlisch	11		3/7	
Neu Manschnow		25		*)
Neutrebbin	57	25		*)
Niederjesar	225	83	340/?	
Ortwig	127	1	2/7 +5	
Petershagen	100	77	103 + 35/0	
Platkow	54	3	22/42	
Podelzig	188	5	8 + 4/9 + 49	
a) Klessin	117			*)
b) Wuhden	24	7		*)
Quappendorf	9			*)
Rathstock	19	7	0/0	
Reitwein	45	15	1/60?	
Sachsendorf	91	32	91/20?	
Seelow	752	39	639/12	amtl. Meldung eindeutig zu niedrig
Sietzig	18	3		*)
Sophienthal	36		6/6	
a) Rehfeldt	7			mit zu Sophienthal
Sydowswiese	13			*)
Schönfließ	25		14/0	
Steintoch	1			*)
a) Voßberg	1			*)
b) Wollup	2			*)
Trebnitz	45	9		*)
Treplin	26	12	0/10	
Werbig	80	4		*)
a) Annahof-Langs.	5			*)
b) Werbig Loose	1			*)
c) Langsow	22	6		
Wilhemsaue	20	10		*)
Worin	29		0/0	
a) Altrosenthal	18	10		*)
b) Görlsdorf	48	87		*)
Wulkow/Booßen	244	16	0/880	unkorrekte Angaben

Orte	Vorhandene Gräber bekannter deutscher Soldaten (Stand um 1955)	Vorhandene Gräber unbekannter deutscher Soldaten (Stand um 1955)	Noch vorhandene Einzelgräber/ Tote im Massengrab (Stand 1992)	Anmerkungen zur jüngsten amtlichen Erfassung vom Herbst 1992
Wulkow/Trebbin	75	1		wohin ??
Wuschewier	9			*)
a) Horst	5			*)
b) Neuwuschewier	1			*)
Wüste Kunnersdorf	3	1		*)
Zechin	68	6		*)
Summe	5945	1259	4326	

**): Die neue amtliche Meldung ist falsch. Richtig ist etwa 1/ca. 390.

Die vorstehende Tabelle wurde mit freundlicher Genehmigung des P & R-Verlags dem Buch von Gerald Ramm, Ein unbekannter Soldat, Deutsche Kriegsgräberstätten zwischen Oderbruch und Spree (Woltersdorf/Schleuse 1993, S. 122 – 124), entnommen.

IX. Literaturverzeichnis (Auswahl)

Historische Publikationen

Altner, Helmut, Totentanz Berlin, Offenbach 1989.
Antipenko, N. A., In der Hauptstoßrichtung, Berlin (Ost) 1975.
Babadschanijan, A. H., Hauptstoßkraft, Berlin (Ost) 1981.
Batow, P. I., Von der Wolga zur Oder, Berlin (Ost) 1965.
Buchner, Alex, Das Handbuch der deutschen Infanterie 1939 – 1945, Friedberg 1989.
Burkert, Hans-Norbert/Matuszek, Klaus, Zerstört, besiegt, befreit, Berlin 1988.
Carter, Sir John, The War Lords, London 1976.
Doernberg, Stefan, Befreiung 1945, Berlin (Ost) 1985.
Dokumente des Oberkommandos der Wehrmacht, hrsg. von Walter Hubatsch, Frankfurt a. M. 1962.
Eichholz, Diedrich, Brandenburg in der NS-Zeit, Berlin 1993.
Erickson, John, The Road to Berlin, London 1983.
Generalfeldmarschall Keitel. Verbrecher oder Offizier? Erinnerungen, Briefe, Dokumente des Chefs des OKW, hrsg. von Walter Görlitz, Göttingen-Berlin-Frankfurt a. M. 1961.
Generalfeldmarschall Wilhelm Ritter von Leeb. Tagebuchaufzeichnungen und Lagebeurteilungen aus zwei Weltkriegen, hrsg. von Georg Meyer, Stuttgart 1976.
Görlitz, Walter, Der Zweite Weltkrieg, Stuttgart 1960.
Hitlers Weisungen für die Kriegführung 1939 – 1945. Dokumente des Oberkommandos der Wehrmacht, hrsg. von Walter Hubatsch, Frankfurt a. M. 1962.
Jacobsen, Hans-Adolf, 1939 – 1945. Der Zweite Weltkrieg in Chronik und Dokumenten, Darmstadt 1961.
Der Kampf um Berlin 1945 in Augenzeugenberichten, hrsg. von Peter Gosztony. Mit einem Vorwort von Heinrich Grüber, Düsseldorf 1970.
Knüppel, Fritz, Kreis Lebus – Ein leidgeprüftes Land, Lebus 1990.
Konew, I. S., Das Jahr Fünfundvierzig, Berlin (Ost) 1969.
Kriegstagebuch des Oberkommandos der Wehrmacht, zusammengest. u. erl. von Andreas Hillgruber, Frankfurt a. M. 1963.
Kuby, Erich, Die Russen in Berlin 1945, München-Berlin-Wien 1965.
Kurowski, Franz, Armee Wenck. Die 12. Armee zwischen Elbe und Oder 1945, Neckargemünd 1967.
Le Tessier, Tony, Der Kampf um Berlin 1945. Von den Seelower Höhen zur Reichskanzlei, Berlin 1992.
Die letzten hundert Tage. Das Ende des Zweiten Weltkrieges in Europa und Asien, hrsg. von Hans Dollinger, München-Wien-Basel 1965.
Maizière, Ulrich de, In der Pflicht. Lebensbericht eines deutschen Soldaten im 20. Jahrhundert, Herford-Bonn 1989.
Melzheimer, Werner, Die Festung und Garnison Küstrin, Berlin 1989.
Michalsky, Werner, Kreisdenkmalliste Seelow 1990, Seelow 1990.
Ramm, Gerald, Ein unbekannter Kamerad. Deutsche Kriegsgräberstätten zwischen Oderbruch und Spree, Woltersdorf/Schleuse 1993.
Riemann, Horst, Deutsche Panzergrenadiere, Herford-Bonn 1989.
Scheel, Klaus, Hauptstoßrichtung Berlin, Berlin (Ost) 1983.
Schicksal in Zahlen, hrsg. vom Volksbund Deutsche Kriegsgräberfürsorge e. V., Kassel 1990.

Schramm, Percy E., Kriegstagebuch des Oberkommandos der Wehrmacht 1944/45, Teilbd. II, Bd. 8.
Schrode, Wilhelm, Die Geschichte der 25. Division. Die Wiederaufstellung der 25. Panzergrenadier-Division. Herbst 1944 bis Kriegsende, Ludwigsburg 1980.
Schtemenko, S. M., Im Generalstab, Berlin (Ost 1971).
Schultz-Naumann, Joachim, Die letzten 30 Tage, Stuttgart 1985.
Seelower Höhen. Gedenkstätte/Museum, Seelow 1992.
Shukow, G. K., Erinnerungen und Gedanken, Berlin (Ost) 1983.
Subbotin, W. J., Wir stürmen den Reichstag. Aufzeichnungen eines Frontkorrespondenten, Berlin (Ost) 1969.
Tieke, Wilhelm, Das Ende zwischen Oder und Elbe, Berlin 1992.
Tschuikow, W. J., Gardisten auf dem Weg nach Berlin, Berlin (Ost) 1985.
Der Zweite Weltkrieg. Dokumente, ausgew. u. eingel. von Gerhard Förster/Olaf Groehler, Berlin (Ost) 1972.

Videos

Videokassette **Schlacht um Berlin,** Chronos-Film GmbH, Kleinmachnow 1990.
Videokassette **Seelower Höhen,** hrsg. von der Gedenkstätte Seelower Höhen, Seelow 1991.
Videokassette **Der Todeskampf der Reichshauptstadt.** Ein General, der Führer und zwei Millionen Berliner, Chronos-Film GmbH, Kleinmachnow 1994.

Touristische Publikationen

Bahna, Hanne, Brandenburg Nord (mit Rheinsberg, Havelberg, Oderbruch), Berlin 1991.
Bara, Tina, Brandenburg. Bilder von Menschen und Landschaften, Berlin 1991.
Bundesland Brandenburg. Magazin (mit 40 Stadtplänen), Berlin 1992.
Burkhardt, Albert, Wanderungen in Oderland und Spreewald, Leipzig 1984.
Engel, Hans-Ulrich, Brandenburg, Würzburg 1992.
Hanke, Birgid/**Babovic,** Toma, Wanderungen durch die Mark Brandenburg – eine Bilderbuchreise, Hamburg 1992.
Heller, Gisela, Unterwegs mit Fontane in Berlin und der Mark Brandenburg, Berlin 1992.
Faltplan „Seelow“, Fremdenverkehrsamt Seelow, Seelow 1992.
Fontane, Theodor, Die schönsten Wanderungen durch die Mark Brandenburg, Berlin 1990.
Fontane, Theodor, Wanderungen durch die Mark Brandenburg, Bd. 2, Das Oderland, Berlin 1992.
Krockow, Christian v., Fahrten durch die Mark Brandenburg. Wege in unsere Geschichte, Stuttgart 1991.
Landesvermessungsamt Brandenburg, Regionalkarte Brandenburg, Blatt 5: Spree-Oderland (Topographische Karte 1:100 000), Potsdam 1992.
Lentz, Georg, Märkische Protokolle. Auf Fontanes Spuren zwischen Havel und Oder, Frankfurt a. M. 1992.
Ruetz, Michael, Fontanes Wanderungen durch die Mark Brandenburg, Stuttgart 1992.
Sefzik, Bernd-H., Oderbruch, Leipzig 1986.
725 Jahre Seelow, hrsg. vom Rat der Stadt, Seelow 1977.
Zu Gast im Land Brandenburg, hrsg. vom Landesfremdenverkehrsband Brandenburg, Potsdam 1992.